EL IMPACTO CULTURAL
DE LA PRIMERA OCUPACIÓN
MILITAR NORTEAMERICANA
EN LA REPÚBLICA DOMINICANA

letra**gráfica**

Diógenes Céspedes

*El impacto cultural de la Primera Ocupación
Militar Norteamericanaen la República Dominicana:
El partido del signo contra el partido del ritmo*

ISBN CreateSpace: 978-1985647404

Calle Marginal Primera No. 12, Mirador Norte
(809) 482 4700 • librosletragrafica@gmail.com
Santo Domingo, República Dominicana

Santo Domingo
2018

DIÓGENES CÉSPEDES

El impacto cultural de la Primera Ocupación
Militar Norteamericanaen la República Dominicana:
El partido del signo contra el partido del ritmo

letra**gráfica**

Introducción:
El partido del signo contra el partido del ritmo

I spent thirty years and four months in active military service, and during that period I spent most of my time being a high-class muscle man for Big Business, for Wall Street and the bankers. In short, I was a reacketeer, a gangster for capitalism. I helped make Honduras right for the American fruit companies in 1903. I helped purify Nicaragua por the International Banking House of Brown Brothers in 1902-1912. I helped make Mexico and specially Tampico safe for American oil interests in 1914. I bought light to the Dominican Republic for the American sugar interests in 1916. I helped make Haiti and Cuba a decent place for the National City Bank boys to collect revenues in. I helped in the raping of half a dozen Central American republics for the benefit of Wall Street. In China in 1927 I helped see to it that Sstándard Oil went on it way unmolested. Looking back on it, I might have given Al Capone a few hints. The best he could do was to operate his racket in three districts, I operated on three continentes[1].

General Smeadly Darlington Butler,
Infantería de Marina de los Estados Unidos.

Para los saussureanos y los analistas de la poética de Henri Meschonnic (2000: 47) hay dos teorías del signo: la de Ferdinand de

---

1   Texto en inglés tomado del libro de Smeadly Darlington Butler. Introduction by Jesse Ventura, War is a racket. Skyhouse: New York, 2013, pp. 4-5. Según la publicidad de la editora, Butler fue el militar más condecorado de los Estados Unidos. Alcanzó el grado de Brigadier General. Una traducción literal del fragmento que figura como epígrafe sería: «Durante treintaitrés años y cuatro meses presté servicio militar activo y durante ese período pasé la mayor parte del tiempo como el hombre rudo de clase alta de los negocios de Wall Street y los banqueros. En resumen, fui un saqueador, un gánster al servicio del capitalismo. Contribuí a preparar el terreno en Honduras para que las compañías bananeras no tuvieran problemas en 1903. Ayudé a limpiar a Nicaragua para que el Banco Internacional de los hermanos Brown no tuviera problemas en 1902-1912. Contribuí a que México,

Saussure que lo concibe como radicalmente arbitrario y radicalmente histórico; y la de la metafísica que lo concibe como un regalo de Dios y que, por lo tanto, al ser otorgado al hombre por la divinidad, la lengua es definida como una convención establecida por los hombres a fin de entenderse entre sí y dotar a las cosas y las abstracciones de un nombre inequívoco, para que no hubiera confusiones entre ellos.

Esta teoría ingenua e irreal considera, por lógica divina, que el signo no es radicalmente arbitrario ni radicalmente histórico y que, efectivamente, sus componentes son un significado y un significante, pero para esa metafísica solamente el significado tiene valor, porque funciona en nombre de los dos componentes de ese signo, pero cada componente puede funcionar como una unidad o por separado. A esta teoría se la llama dualismo del signo.

Sin embargo, Ferdinand de Saussure fue más lejos y propuso una teoría revolucionaria del signo, de la lengua y del lenguaje. En el *Curso de lingüística general.*[2]

Saussure mismo invalidó su propia la teoría del signo al decir que «la lengua es pura forma», no una sustancia. Por donde se deduce entonces que el signo es una forma-significado, tal como aparece en los diccionarios y que algunos lingüistas llaman «palabra», pero ese es un término ambiguo.

En la poética usamos el término morfema, pues este puede contener varias palabras al mismo tiempo, como se ve por las

---

y especialmente Tampico, fuera un lugar seguro para los intereses petroleros en 1914. En 1916 les abrí los ojos a los intereses azucareros americanos en la República Dominicana. Contribuí a que Haití y Cuba fueran un lugar decente para los chicos del National City Bank obtuvieran ganancias. Contribuí a que en el saqueo de media docena de repúblicas centroamericanas las ganancias de Wall Street estuvieran seguras. En China, en 1927, contribuí a que la Standard Oil siguiera su camino sin molestias. Al ver las cosas retrospectivamente, pudiera darle a Al Capone unos cuantos consejos. Su logro mayor fue operar su saqueo en tres barrios, yo operé en tres continentes.» Emilio Cordero Michel, en su introducción a Clío 85 (2016: 9) ofrece una versión con algunos elementos diferentes, tomada de la revista Common Sense, de noviembre de 1935, publicada en Londres.

2   Buenos Aires: Losada, 1945, pp. 206: «*La lengua es una forma y no una sustancia.*» También la teoría de lo teoría de lo de radicalmente arbitrario y radicalmente histórico del signo está únicamente en Ferdinand de Saussure, *Cours de linguistique générale, t. I.* Edición crítica de Rudolf Engler. Wiesbaden: Otto Harrassovitz1968, p. 151. [1916]

distintas entradas o acepciones que tiene una forma-significado en los diccionarios. Y a esta forma-significado la poética la llama forma-sentido, que no es otra cosa que el ritmo, entendido como organización política del sentido en el discurso. El morfema puede tener varias palabras: por ejemplo, cuando decimos en una frase o discurso «Renunciaremos», ahí hay varias palabras: 1) la raíz del verbo, 2) el pronombre personal en plural, 3) el tiempo en que se enuncia quien habla o escribe, aquí el futuro de indicativo.

Como se observa, la sustancia metafísica del signo, que es el significado, queda destruida para siempre, pero su teoría no, pues esta es un discurso, y los discursos no se destruyen, sino que se analizan y se sitúan las pragmáticas y los efectos políticos-ideológicos que los protegen. El dualismo del signo es la única teoría del lenguaje que el poder del Estado acepta; él patrocina y premia a los sujetos e intelectuales que asumen la metafísica del signo. Al asumirla, consciente o inconscientemente, se convierten en «miembros del partido del signo, todo lo opuesto al partido del ritmo.»[3]

Los miembros del partido del signo dicen lo que saben acerca del lenguaje, la historia y el signo, la historia y la literatura, el sujeto y la traducción, el discurso y la ideología y el sentido y lo social, pero no saben lo que dicen. En cambio, los miembros del partido del ritmo sí saben lo que dicen cuando emplean estos conceptos de la poética a sus análisis de los diferentes tipos de discursos. Saben lo que dicen porque primero pasaron por la teoría del signo y su partido; y segundo, saben lo que dicen los conceptos de la poética enumerados en este párrafo son pura forma, no sustancia.

Además de los cuatro conceptos fundamentales de Saussure que se mantienen en pie —el sistema, lo radicalmente arbitrario y radicalmente histórico del signo, el funcionamiento y el valor— los otros conceptos enumerados en el párrafo anterior es lo que debe enseñarse en las universidades, pero se enseña todo lo contrario, o sea, una necrofilia lingüística, estilística, estructural, semiótica o empirista.

---

3   Para el desarrollo cabal de estos dos conceptos, partido del signo y partido del ritmo, remito de nuevo a *Crisis del signo. Política del ritmo y teoría del lenguaje*, de Henri Meschonnic. Santo Domingo: Ferilibro, 2000, pp. 47-57.

El sistema, ya vimos cuál es su sentido; lo radicalmente arbitrario e histórico del signo se define por su negatividad: este concepto no es una convención ni identidad ni separación entre el signo y la cosa y el lenguaje y la vida, sino relación dialéctica; el funcionamiento es el lenguaje en el tiempo presente en que el sujeto se enuncia en él como discurso y no la búsqueda de un pretendido e inexistente origen del lenguaje, porque el lenguaje y el sujeto nacieron juntos, el mismo día y hora, y por eso lenguaje e historia tienen una misma teoría, pero los miembros del partido del signo no lo saben y abjuran de esa afirmación; y finalmente, el valor se define, según Saussure, por la diferencia negativa interna entre un fonema y otro, por ejemplo, los rasgos que oponen las consonantes oclusivas sonoras a las sordas: b/d/g a p/t/k; los rasgos que se oponen entre un morfema y otro, por ejemplo en *fama* y *sama*; y, finalmente, entre un discurso y otro, por ejemplo, la oposición histórica, política, militar y cultural que existe entre el himno dominicano y el francés, La Marsellesa.

A esa separación del significante y el significado se le llama dualismo y la teoría que legitima semejante discurso se llama racionalismo.

Por esa razón, el partido del signo es la organización invisible más poderosa del planeta Tierra y que ejerce su dominio indiscutido en todas las naciones y pueblos del orbe.

El separar todos esos conceptos lingüísticos y literarios, los miembros del partido del signo se convierten en los fanáticos más radicales del mantenimiento del sistema social y político de una sociedad específica. Por la sencilla razón de que la única teoría del lenguaje y el signo que tolera el poder de Estado y sus instancias es la de la separación entre esos conceptos y su práctica vital. Y se establece una relación entre el poder y los miembros del partido del signo en la que refuerza y beneficia mutuamente a ambos tipos de sujetos a través de la construcción o la reproducción de la ideología que el poder necesita para mantener la dominación política y cultural de una sociedad.

Al saber instintivamente quiénes son los miembros del partido del signo, el poder del Estado les encarga entonces, de elaborar una estrategia y unas tácticas de seducción a fin de conquistar a los que, en la división social del trabajo, tienen por objetivo las tareas de construcción de la ideología del mantenimiento del orden; y para ese tipo de intelectual ancilar van los reconocimientos, los premios y los puestos de mando de la cultura en la sociedad o la carrera diplomática.

Otras veces, como lo señala Octavio Paz[4], son los intelectuales de tal especie los que seducen al poder mediante un juego de discursos donde simbólicamente se ofrecen para servir. Y esto es muy importante para entender lo que sucedió con la intelectualidad y los políticos dominicanos durante el proceso de dominación de nuestro país por parte del invasor extranjero.

Existen también intelectuales que sin ser miembros del partido del ritmo adquieren un nivel elevado de conciencia en virtud del cual se sobreponen humanamente a las pruebas más terribles para mantener su libertad y la de su país en tiempos tan difíciles como los de una intervención militar como la norteamericana que no se limitó, en el caso de la del 1916-24, a una acción punitiva como la de 1965 en contra del restablecimiento de la constitucionalidad sin elecciones.

Esa consigna fue la bandera de lucha de los militares y civiles que tomaron parte en el golpe de Estado que derribó la dictadura del Triunvirato y luego, convertida la contienda en guerra patria a partir del 28 de abril de aquel año, combatieron, materialmente vencidos pero ideológicamente victoriosos, hasta la desocupación de los invasores que repitieron la misma historia de 1916-24: escogieron a Joaquín Balaguer, como a Juan Bautista Vicini Burgos en 1924, para cumplir la meta de toda dictadura comisaria: pacificar a balazos el país y luego celebrar elecciones para legitimar las imposiciones del invasor, y a Horacio Vásquez también en 1924, con el innegociable reconocimiento de todas las Órdenes Ejecutivas del gobierno militar por parte de este vencedor de las elecciones dirigidas por los Estados Unidos. Y Vicini Burgos es a García Godoy lo que Horacio Vásquez es a Balaguer y este y Trujillo, pues ambos se encargarán de la operación de limpieza política en 1930 y 1966.

---

4 *Pasión crítica*. Barcelona: Seix Barral, 1985 y *El ogro filantrópico*. México: Barcelona: Seix Barral, 1979.

El sujeto, es decir, el ser humano, surgió en el planeta Tierra junto con el lenguaje, el mismo día y a la misma hora. No hay sociedad donde haya seres humanos que no hablen. Por eso la teoría de la historia es la misma que la del lenguaje. Y es por esta razón que el sujeto es histórico. La teoría del lenguaje que le hace evolucionar al ser humano del gruñido al discurso es una fábula. Y Émile Benveniste[5] se burla de esos teóricos del lenguaje que sostienen semejante fábula. ¿Los miembros del partido del signo deben saber lingüística para pertenecer a esa organización dualista? Claro que no. Pero entonces carecen estos miembros de una teoría saussureana del lenguaje y el signo, es decir, la de lo radicalmente arbitrario y radicalmente histórico del signo, y cuando hablan del lenguaje y la historia están obligados a recurrir a la *doxa*, o sea, a decir lo que otros han dicho sobre el tema, pero sin saber lo que dicen.

No hay significado ni significante a partir de la definición del lenguaje y la lengua como pura forma por parte de Saussure y con esto se liquida todo tipo de dualismo. Ese dualismo es la única teoría del lenguaje de los miembros del partido del signo y la de todo Estado. Esto se traduce en una victoria para los miembros del partido del ritmo que les lleva a practicar una dialéctica indefinida donde lengua, lenguaje, signo, discurso, ideología, sujeto, ética, ritmo, poema, historia, individuo, lo social, la traducción, son pura forma.

Y aquí es donde empalma la teoría de la historia que escriben los historiadores del partido del signo al tratar el impacto cultural de la intervención militar norteamericana de 1916-24, la cual es indisociable de una teoría del lenguaje, el discurso, la ideología, el sentido, el sujeto, la literatura, el ritmo y el poema.

Los miembros del partido del signo estudian tal impacto cultural con la teoría dualista del signo donde los hechos o acontecimientos de esa intervención están separados de la cultura, la literatura, el poema, el discurso, el lenguaje, el ritmo y el sujeto. A ese racionalismo historicista se acomodan las grandes narraciones de

---

5 *Problèmes de linguistique générale, t. I.* París: Gallimard, 1966 y t. II, igual ciudad y editor, 1974. Hay traducción al español: *Problemas de lingüística general, t. I.* México: Siglo XXI, 1971 y *Problemas de lingüística general*, t. II. México: Siglo XXI, 1979.

los héroes al eliminar la microhistoria y los micro poderes sociales, vistos por la teoría de los grandes relatos como desprovistos de significación e importancia. Y cuando los historiadores de los grandes relatos de héroes y personajes recurren a la cultura y a la literatura, es para instrumentalizarlas o reducirlas a ornamento o a la teoría del arte por el arte, según la retórica dualista.

Censura y desarme general

La ley de censura previa a la prensa escrita y a toda expresión verbal del pensamiento impuesta por la ocupación militar norteamericana de nuestro país titulada «Censura» (Gaceta Oficial n.º2758), junto con la Ley que ordenó el desarme general de la población titulada «Armas y explosivos»[6] (Gaceta Oficial n.º 2758), fue el impacto cultural más significativo, y dañino a la vez, infligido a la sociedad dominicana, incluso por encima del plan de escolarización total que implementó el invasor yanqui en todo el país.

Sin separación dualista y racionalista posible, examinaré los impactos culturales más críticos que, a mi modo de ver, tuvo la ocupación militar norteamericana de 1916-24 en la sociedad dominicana y cuyos efectos perduran hasta hoy, desde el gobierno provisional de Juan Bautista Vicini Burgos en 1922-24 hasta los de Danilo Medina, sobre todo después del apuntalamiento de la segunda intervención militar de los Estados Unidos en el país en 1965, a partir de la que se ha ejercido la hegemonía, el dominio comercial y político que acentuó la dependencia de nuestro país *vis à vis* de la nación norteamericana[7].

De modo que abordaré el asunto dialécticamente sin disolver la relación entre el Estado como abstracción social que se concreta en el sistema político de dominación, puesto que implica a los

---

6   Véase en el Apéndice, al final de este libro, las dos leyes de desarme y censura, así como otras Órdenes Ejecutivas que impactaron significativamente el desenvolvimiento de la cultura dominicana.

7   Para los demás impactos no tratados en este trabajo, consúltense los textos de Emilio Cordero Michel, Adriano Miguel Tejada, Roberto Cassá, Pedro L. San Miguel, María Filomena González Canalda, José Luis Sáez, S.J., Herbert Stefan Stern Díaz, Wenceslao Vega de Boyrie, y Eduardo J. Tejera en Clío 85 (2016: 7-254).

sujetos que controlan el Poder y sus instancias, al mismo tiempo que tal dominación adquiere sentido en virtud de la abstracción del lenguaje, esa facultad humana de simbolización de lo real y lo subjetivo que se concreta en la lengua, sistema de signos, que a su vez se concreta esta última en el discurso, el sentido, la ideología, la pertenencia de clase, por donde están vinculados sin disolución posible la literatura y el arte, el sujeto y el Estado, el lenguaje y la historia, el sujeto y lo social, el individuo y el Estado, el poema y la traducción y lo ético y lo político.

Cuando los historiadores incluyen la literatura como inseparable del discurso acerca de los acontecimientos que narran, esta última es concebida como un instrumento o una disciplina ancilar que ayuda a contrastar hechos que figuran en dos o más fuentes primarias o secundarias. Y la literatura implica una teoría del poema y de la traducción. Y obsérvese que todo el sentido de los mandatos, órdenes y prácticas sociales del interventor ocurren en inglés y un grupo de subalternos, puertorriqueños e intelectuales dominicanos, cumplen la tarea de traducir tales discursos y órdenes al español.

Pero a pocos historiadores se les ocurre la idea de relacionar la teoría del lenguaje y la teoría del Poder y sus instancias con una teoría de la traducción. Y viceversa, todos los militares norteamericanos que ocuparon las altas magistraturas del Estado intervenido, se dan cuenta de lo que sucede en todo el país con el movimiento de resistencia política y militar (las juntas nacionalistas y los guerrilleros de la patria) a través de la traducción que los espías pagados, tanto dominicanos como puertorriqueños, traídos estos últimos desde su colonia boricua, así como los intelectuales orgánicos que se prestaron a ocupar los puestos de mando inferiores que les asignaron los interventores, verbigracia, dos ejemplos, Juan Francisco Sánchez, el hijo del prócer de la Puerta del Conde, y Julio Ortega Frier, Superintendente de Enseñanza.

Existieron miles de funcionarios altos y medianos que colaboraron con el invasor y no es extraño que no exista ni una sola tesis universitaria y ningún libro analítico que haya dado cuenta del accionar de aquella «escuela de cobardía», como llamó Américo Lugo al transaccionismo o colaboracionismo de los políticos caudillistas, clientelistas y patrimonialistas como los de Vicini Burgos,

Horacio Vásquez, Federico Velázquez, Elías Brache, hijo, Desiderio Arias y una legión de políticos menores cuya estrategia fue hibernar durante los ocho años de la ocupación para volver a la vieja práctica de la corrupción tan pronto los americanos abandonaron el país, o porque acometieron las acciones que les garantizaron la dominación imperial del arco de las Antillas y Centroamérica como por la presión interna e internacional y por la crisis económica que se desató en Europa y Estados Unidos de 1922 hasta el *crack* de la Bolsa de Valores en 1929, consecuencia directa de los efectos de la Primera Guerra Mundial de 1914-18.

La inexistencia de obras históricas que expliquen el colaboracionismo o transaccionismo de parte de los intelectuales dominicanos pertenecientes a las distintas clases sociales no se ha producido porque la escritura de la historia en nuestro país es un asunto de familias, y como el grueso de esas familias, tanto de la oligarquía, de los políticos caudillistas clientelistas y patrimonialistas, así como las de los sujetos pertenecientes a la pequeña burguesía media y baja de la población colaboraron con dicha ocupación militar norteamericana, ningún historiador va a incriminar a un familiar o a varios familiares suyos.

Y esto explica que haya sido un extranjero quien escribiera ese tipo de obra, el puertorriqueño Víctor M. Medina Benet, cuyo libro, *Los responsables. El fracaso de la 3ª República 1924-1930*[8] es el mejor y único documento sobre el tema del transaccionismo o

---

8   Santo Domingo: Arte y Cine, 1974, 475p. El autor en un alarde de un dominicanismo más crítico que el de muchos dominicanos, imprimió su obra el 12 de julio, aniversario de la salida de las tropas de ocupación yanquis. Pero en un libro como el de Danilo Brugal Alfau: *Tragedia en Santo Domingo (Documentos para la historia)*. Santo Domingo: Del Caribe, 1966, uno encuentra que los bufetes de abogados y los nombres y apellidos de quienes apoyaron la primera ocupación militar americana de 1916-24 son, *mutatis mutandis*, los mismos bufetes de abogados y los mismos nombres y apellidos de quienes respaldaron la segunda intervención militar norteamericana de 1965 en nuestro país. Con el agravante de que los dominicanos de 1916 no llamaron a los Estados Unidos a intervenir en el país, mientras que los de 1965 sí llamaron a esa potencia extranjera a intervenir militarmente a la República Dominicana. El libro en cuestión es una apología del gobierno de Reconstrucción Nacional presidido por Antonio Imbert Barrera y una condena sumaria de la guerra patria de 1965, calificada de comunista por el autor. Curiosa repetición, digna de estudio para un psicogenealogista.

colaboracionismo del grueso de la alta dirigencia de los partidos políticos Nacional, Progresista, Legalista, Liberal y de ciudadanos tibios como el arzobispo Alejandro Nouel, Francisco J. Peynado en el derrumbe de aquella sociedad, previsto incluso antes por un intelectual, también de origen extranjero, Federico García Godoy[9].

Este transaccionismo de los miembros de la oligarquía fue el responsable del plan Hughes-Peynado, de la elección de Vicini Burgos y Horacio Vásquez, candidatos impuestos por el gobierno americano y garantes del reconocimiento de las Órdenes Ejecutivas promulgadas por el invasor y luego, en 1930, con la ascensión de Trujillo al poder, los americanos les dejaron a los dominicanos ese regalo envenenado que el gobierno de los Estados Unidos impuso como continuidad y garantía de las inversiones norteamericanas en los ingenios del Este, cuyas tierras fueron expoliadas por las empresas de aquel país amparadas en la ley de 1911 sobre concesiones de tierras a precio barato o mediante la coacción y, también, la garantía del control financiero de nuestro país a través del control de las Aduanas previsto por la Convención de 1907.

Eso les bastaba a los norteamericanos para mantener la dominación del arco de las Antillas, Centroamérica, Colombia y México y ejecutar su política de contrarrestar el empuje de algunas potencias europeas, como la alemana, la inglesa y la francesa, en la lucha frontal por el control del comercio de los países hispanoamericanos a través del control del canal de Panamá.

Y la oligarquía dominicana ni se enteró del regalo envenenado y cuando quiso reaccionar, ya era tarde, pues su viejo proyecto de dominación política, económica y cultural del pueblo dominicano había sido clausurado, de momento, por el brigadier Trujillo, apoyado en el monopolio de la violencia del Estado que supuso el desarme general de la población, de los caudillos y los caciques regionales de todo el país implementado desde el mismo 1916 por el invasor yanqui o

---

9   *El derrumbe*. Santo Domingo: Editora Universitaria de la UASD, 1975. La primera edición vio la luz en 1916, un poco antes de que los norteamericanos ocuparan militarmente el país el 29 de noviembre de 1916 con la publicación de la proclama del capitán de navío H. S. Knapp. La obra fue quemada y por coincidencia se salvaron algunos ejemplares que ya habían sido enviados por el autor a personalidades amigas suyas.

funcionarios del gobierno de los Estados Unidos y, en segundo lugar de importancia, la Ley que estableció la censura total de los medios de comunicación (periódicos, libros, revistas, cartas, telegramas, cables, emisoras de radio, etc., así como la prohibición de la libre expresión del pensamiento y de toda crítica verbal o escrita en contra de la ocupación militar y sus funcionarios yanquis por parte de los sujetos dominicanos, censura total indisoluble del desarme general como forma de asegurarse la dominación a través del monopolio de la violencia de la sociedad y que implicaba, dicha prohibición, prisión prolongada y elevadas multas a quienes infringieran la referida ley-mordaza.

Con estas dos disposiciones en funcionamiento quedaba expedito el terreno para el combate de toda resistencia armada, pacífica, ideológica, verbal y escrita a la ocupación militar norteamericana. Y garantizaban , además, con el secreto de la razón de Estado, todos los asesinatos, aplicación de la ley de fuga a prisioneros, torturas conocidas y desconocidas del pueblo dominicano como la del vaciado de agua por la boca a las víctimas, el descuartizamiento de opositores o sospechosos arrastrados por las extremidades inferiores y superiores atadas a la cola de caballos o mulas, la marca con hechizos o estampas y armas blanca a sospechosos reales o supuestos de oponerse a la invasión yanqui.

El caso más sonado nacional e internacionalmente fue el de Cayo Báez y los casos de Fabio Fiallo y Luis C. del Castillo, paseados por las calles de Santo Domingo con el uniforme cebrado usados por los delincuentes comunes, y de los intelectuales y patriotas vejados, tales como Américo Lugo, Manuel Flores Cabrera, Vicente Tolentino Rojas, Alexis Liz, Rafael Emilio Sanabia, Dimas Frías, Ramón Vila Voril, José María Pichardo, Federico Ellis Cambiaso, Horacio Blanco Fombona, el periodista Oscar Delanoy, Doroteo H. Regalado, el sirio Abrahán Hoffis, Candelario de la Rosa[10], barahonero.

---

10   Dice José C. Novas que «la mayoría de los que se lanzaron a combatir las tropas extranjeras lo hicieron basados en dos razones: o por sentimientos patrióticos o porque fueron despojados de la tierra y convertidos en jornaleros. Gran parte de los que integraron a la resistencia eran agricultores indignados, procedentes de las capas bajas de la sociedad, en mayoría residentes del campo, analfabetos, en términos étnicos de ascendencia africana o la mezcla de esa raza con otras que habitaban la isla (... aspecto innegable entre los miles que se unieron a los grupos armados contra la ocupación entre 1916 y 1924.»

Estaban a la orden del día, las violaciones a mujeres, la reconcentración de campesinos en pueblos y ciudades para que no les suministraran apoyo a los guerrilleros, sobre todos a los del Este, única zona del país que mantuvo durante cinco años la lucha armada contra el invasor, pero a un precio muy alto, pues sus líderes perecieron a manos del invasor o de Trujillo, a quien le encomendaron ese servicio: Vicente Evangelista y su lugarteniente Casildo Santana, Celestino del Rosario –Tolete–, Juan Calcaño, Emiliano Rojas, Ramón Batista, Lliyo [Fidel] Ferrer, Tomás Mota, Juan Pablo, Liborio Mateo, Ramón Natera, Nico Ventura, Ramón Batía, Martín Peguero, Chachá Goicochea, Gregorio Urbano Gilbert y la esposa de Pedro Cedeño.

Muchos de estos guerrilleros fueron exterminados por los invasores norteamericanos, quienes para fines de 1922 habían impuesto su *pax americana*; otros se fueron al exterior, como Salustiano –Chachá– Goicochea a Cuba luego de delatar a Vicentico Evangelista a los americanos, solución negociada por la esposa para que Chachá se entregara a las fuerzas de ocupación y Apolinar Rey que se marchó a Nueva York; pero la mayoría fueron exterminados o perseguidos por Trujillo como continuador de la obra de los *marines* o reclutados por la dictadura como hombres experimentados al servicio del régimen.

La tercera medida de importancia fue la Orden Ejecutiva que implementó el invasor yanqui y que puede considerarse positiva a medias, pues tuvo la virtud de ensanchar considerablemente el número de escuelas y alfabetizar a una cantidad considerable de dominicanos, con la creación de escuelas en ciudades y campos donde no las hubo hasta 1916. Pero con esos alfabetizados y los intelectuales que surgieron a partir de este salto cuantitativo, no

---

Aunque también aclara Novas que la resistencia «tuvo como caldo de cultivo las injusticias cometidas en el proceso de adquisición de terrenos para cultivar la caña» y a renglón seguido aclara que hubo otro núcleo "dentro de la resistencia armada" compuesto por «miembros con niveles de formación, [como] los casos de los guerrilleros Emiliano Rojas, Julio Bonetti, el general Salustiano «Chachá» Goicochea y Pedro Celestino del Rosario [quienes] se «formaron en la Guardia Rural, que luego fue convertida en Guardia Republicana» en el gobierno de Cáceres. Véase *Los gavilleros. La lucha nacionalista contra la ocupación 1916-1924.* Santo Domingo: Argos, 2016, pp.70-72.

cualitativo puesto que el invasor y sus cuatro sucesores –Vicini Burgos, Horacio Vásquez, Estrella Ureña y Trujillo– no tenían por finalidad impulsar ninguna transformación que pasara de la vieja enseñanza memorística a otra crítica, aunque fuera con la reintroducción de la educación laica hostosiana que, ya para 1924 en adelante, necesitaba una reforma radical, pero sin abolir su historicidad laica separadora del Estado y la Iglesia. La reacción conservadora que se desató dura hasta hoy, con el ejemplo palmario de la ley constitucional antiaborto.

Sobre la importancia de este ensanchamiento de escuelas, Medina Benet, a quien no hay que pedirle criticidad radical en todo, señala lo siguiente: «En la rama de instrucción pública el éxito del gobierno militar no admite regateos. La Intervención halló al país, en cuanto a instrucción pública se refiere, en pañales. El porcentaje de analfabetismo, según el gobernador militar Thomas Snowden, fluctuaba entre el 85 y el 95 por ciento. Las escuelas rurales apenas si se conocían, centralizándose la instrucción en las poblaciones mayores donde tampoco se conducía satisfactoriamente puesto que la mayor parte del presupuesto nacional se vaciaba en gastos de guerra, amén de que los maestros eran nombrados con miras políticas y de que el perenne estado de revuelta en que vivió el país impedía la asistencia regular a clases. El 29 de diciembre de 1917 quedó establecida la instrucción elemental obligatoria.» (Obra citada, pp. 7-8).

La preparación de la mano de obra intelectual que reproducirá el modelo ideológico imperial de la dominación económica y política local ha sido activada. Sus frutos los conoceréis en la dictadura de Trujillo, cuando esa cohorte de bachilleres, licenciados, maestros y doctores ocupen los puestos administrativos altos, medios y bajos que aquel régimen despótico necesitaba para sustituir al grueso de los intelectuales orgánicos del viejo proyecto político de bolos y coludos clientelistas y patrimonialistas clausurado con el gobierno provisional de Francisco Henríquez y Carvajal, el de Juan Bautista Vicini Burgos, el de Horacio Vásquez y, de nuevo, otro gobierno provisional, el de Rafael Estrella Ureña, impuesto los de Vicini Burgos y Vásquez por la dictadura comisaria yanqui; y, el último, el del futuro dictador Trujillo, continuador de la obra de los *marines*.

La retahíla de intelectuales orgánicos que acompañarán a Trujillo serán, en primer lugar, los que se pasaron del horacismo, el jimenismo, el nacionalismo, el velazquismo, el legalismo de Luis Felipe Vidal y el liberalismo (partidarios de Elías Brache, hijo) y el republicanismo (partidarios de Estrella Ureña). Muchos de los de esta camada, por edad o por caída en desgracia, serán sustituidas por intelectuales y periodistas orgánicos de pequeña burguesía media y media baja que estudiaron durante la ocupación militar, sea en la secundaria, sea en la universidad, y se convirtieron en fervorosos partidarios del trujillismo. Esa generación nacida entre 1900 y 1910 contribuyó a una ampliación populista del trujillismo y, como advenedizos, fueron vistos con suspicacia por la primera generación que subió con el dictador en 1930 y que, para diferenciarse de aquella crápula sin prestigio social, animó la fundación del Partido Trujillista, lo que significaba pertenecer a «la crema y la nata» del verdadero trujillismo, pero esto causó problemas de tipo social y discriminatorio y pronto ese partido elitista fue sepultado en las sombras del olvido.

Según Medina Benet, el estado de situación que encontraron los yanquis fue el siguiente: «Antes de la Intervención [sustancialización de la mayúscula, DC] unos 18.000 alumnos, nominalmente, debían recibir instrucción; de éstos acaso el 40% asistía a clases. Durante los primeros años del gobierno militar la asistencia escolar subió a más de 100.000[11] estudiantes; se construyeron o habilitaron edificios adecuados para fines escolares; se pagaron con puntualidad los sueldos de los maestros y, en fin se imprimió a esa rama de la administración pública el sello de la eficiencia y organización de que estuvo huérfana por varias generaciones.» (Obra citada, p. 8).

---

11   Ramón Marrero Aristy, cuyas fuentes principales son Melvin H. Knight, *Los americanos en Santo Domingo. Estudios de imperialismo americano*. SD: Publicaciones de la Universidad de Santo Domingo, 1939 y Sumner Welles, *La viña de Nabot. La República Dominicana. 1844-1924*. Santiago: El Diario, 1939, es preciso con la cifra y dice que en 1920 la cantidad ascendió a 101.866 y «los cargos de maestro y profesor se proveían por concurso de oposición, con algunas excepciones determinadas». Véase *La República Dominicana. Origen y destino del pueblo cristiano más antiguo de América*. Ciudad Trujillo: Del Caribe, 1957, p. 390, col. 2). Abrevio esta obra así, de ahora en adelante: Marrero, seguido de los números de la página y la columna.

Estos datos los corrobora Bruce J. Calder al copiar parcialmente los que suministró Medina Benet (verlos *supra*) en el apartado que trata sobre el programa educativo del gobierno militar norteamericano[12], aunque aporta otras cifras estadísticas que completan la tercera medida cultural más importante de los intervencionistas. Sin embargo, Marrero Aristy matiza este entusiasmo de Medina Benet y Calder, al describir el efecto que tuvieron las cuatro leyes preparadas por la Comisión para reformar la Educación dominicana, designada por el gobierno militar yanqui el 19 de enero de 1917. A saber, ley orgánica de enseñanza pública; ley general de estudios; ley de enseñanza universitaria y del Seminario Conciliar; y, ley de instrucción pública: «…ningún tipo de enseñanza fue propiamente una creación de la época a que aludimos, pues todos existían, algunos de ellos incluso desde los tiempos coloniales; pero la reforma introducida entre 1917 y 1920 fue de todo punto importante y dio vitalidad y expansión a la difusión de la instrucción en todo el territorio nacional.» (*Ibíd.*, II, p. 390, col. 2).

Las obras públicas, obras materiales, al fin y al cabo

Se ha esgrimido como un logro positivo del gobierno militar norteamericano el inicio de la construcción de las tres carreteras que unieron al país y que luego se denominarían con los nombres de Duarte, Sánchez y Mella.

Pero casi nadie atina a decir que esas obras, así como otras emprendidas por el gobierno interventor, al igual que el programa educativo al que me referí anteriormente, y de igual modo el pago de los sueldos a los empleados públicos, lo ejecutaron los invasores con el sobrante que le tocaba al país luego de la deducción de la parte que le correspondía al gobierno americano por concepto de los impuestos aduanales como amortización de la deuda exterior con los Estados Unidos.

---

12 *El impacto de la intervención. La República Dominicana durante la ocupación norteamericana de 1916-1924.* Santo Domingo: Fundación Cultural Dominicana, 1989, pp.49-58. Quizá este sea el libro académico más completo sobre la ocupación militar norteamericana, aunque, como todas las obras de esta especie, la cultura, la literatura y las artes son su inconsciente freudiano.

Y muy pocos señalan que la construcción de las tres carreteras mencionadas no se realizó con el propósito de agilización del comercio y la ampliación del mercado interno con la llegada de los distintos rubros agrícolas de los campos a las ciudades del país, sino que tales vías de comunicación tenían un fin estratégico estrictamente militar para que las tropas interventoras se desplazaran a la velocidad del rayo en caso de levantamientos armados en cualquier región del país. Un uso secundario fue el transporte de productos del campo a la ciudad y que, también, luego de la desocupación tales vías sirvieran a la ampliación del mercado interno es cierto, pero recuérdese que el uso de tales carreteras, acondicionadas en cada gobierno para los mismos objetivos de desplazamiento militar, sirvieron para esos fines cada vez que se produjo una expedición militar contra la dictadura de Trujillo, como en los casos de Luperón y el 14 de Junio. Y las vías sirven todavía hoy como desplazamientos de tropas para realizar ejercicios militares en las zonas montañosas susceptibles de albergar guerrillas, como ocurrió repetidamente en los casos del levantamiento militar del 14 de Junio a fines de diciembre de 1963, la invasión de Caamaño Deñó por Playa Caracoles y posteriormente las de Claudio Caamaño y Manfredo Casado Villar.

Y el pago de los sueldos a los empleados públicos sirvió para que los invasores dejaran en su cargo como auxiliares de la ocupación militar a los integrantes la burocracia dominicana que encontraron, tal como hizo el Imperio Romano en forma aleccionadora para el futuro, puesto que gobernó el mundo con las clases locales. Política inteligente que al mismo tiempo que la burocracia local sirve de legitimadora a la ocupación militar, dicha burocracia se halla estrechamente vigilada, pues con la censura de prensa y de la libre expresión del pensamiento, el gobierno yanqui puede aplicar el castigo a quienes sean encontrados culpables de criticar por escrito o verbalmente al gobierno militar y sus funcionarios americanos, porque de comprobarse la acusación, se les cancelaba del cargo, iban presos, y mal presos.

Esta ley de censura castró el desarrollo de las artes, la literatura y las manifestaciones de la cultura popular, como se verá más adelante.

La cultura jurídica

Quizá la quinta medida de más impacto social y cultural adoptada por el invasor fue, junto con la censura, la creación de Cortes Prebostales que juzgaban los delitos que los dominicanos cometían al combatir o criticar por escrito o en forma verbal al gobierno militar de ocupación y sus funcionarios americanos.

Es indudable que tal vuelco en la cultura judicial del país trajo un trastorno en el funcionamiento de la vieja estructura jurídica del sistema social clientelista y patrimonialista que acababa de colapsar, pero que se recompondría nada más que a la vuelta de 1922-24 con la vieja oligarquía de los políticos del pasado, como la llamó Balaguer[13] desde 1952 hasta su muerte, y que se resistía a morir, pero que se hará invisible a todo lo largo de la Era de Trujillo para resurgir triunfante y con todos sus poderes invocados desde el fondo de la colonia a través del prestigio social y el dinero después del cruce matrimonial entre José María Cabral y Báez[14] y María Petronila Bermúdez Rochet. Esa oligarquía participó en el ajusticiamiento de Trujillo, sacó a Balaguer del primer Consejo de Estado y puso a uno de los suyos a dirigirlo, Rafael F. Bonnelly, derrocó el gobierno constitucional de Juan Bosch y no conforme con eso creó su propio Triunvirato dirigido por uno de los suyos, Donald Reid Cabal.

Y cuando ocurrió el levantamiento militar de abril de 1965 que por poco le arranca la cabeza a la oligarquía, esta llamó a los Estados Unidos para que interviniera militarmente en el país, pues según su paranoia el comunismo se estaba a punto de apoderarse de la República Dominicana. Esa oligarquía que derribó el orden constitucional en septiembre de 1963, apoyada por los invasores, formó un llamado Gobierno de Concentración Nacional presidido por uno de los matadores de Trujillo, quien comenzó bien y terminó mal para la historia. El resto es conocido de todos hasta el día de

---

13 Joaquín Balaguer. «El principio de la alternabilidad en la historia dominicana», en *La palabra encadenada*. México: Fuentes, 1975, pp. 147-174.

14 Aunque formó parte del gabinete del presidente Francisco Henríquez y Carvajal como ministro de Interior y Policía, no consta que fuera un partidario que se arriesgara a asumir la posición radical de la evacuación pura y simple del nacionalismo radical de Américo Lugo y Francisco Henríquez y Carvajal.

hoy. Y lo sabe muy bien un santiaguero que ha documentado muy bien quién son los dueños del país, es decir, la oligarquía dominicana. Me refiero al periodista Esteban Rosario[15].

Arte popular, religiosidad popular: vudú y gagá durante la ocupación

El merengue, la décima volatinera, así como la novela, el poema, la pintura, la caricatura, el cuento, el teatro, las fiestas, el vudú, el gagá, los carnavales, las corridas de toros, la lidia de gallos y los juegos de azar y las artes visuales populares fueron estrictamente vigilados por los *marines,* los espías puertorriqueños y dominicanos y los colaboradores ancilares de la ocupación, pues todas estas manifestaciones eran susceptibles de propagar ideas contrarias a la ocupación y su gobierno militar.

Esta burocracia fantasmal se ocupó de dar fiel cumplimiento a la Orden Ejecutiva que instauró la censura previa. Quizá la única manifestación popular que se salvó de la vigilancia fue la culinaria.

De todas estas manifestaciones populares, la religiosidad popular fue la más perseguida y tuvo consecuencias trágicas, como fue el caso del asesinato de Liborio Mateo y algunos seguidores cazados como bestias en los montes de San Juan de la Maguana, pues los invasores fueron enfrentados a tiros por el propio Liborio y sus seguidores de este culto milenarista, tal como lo documenta Lusitania Martínez en su obra *Palma Sola (su geografía mítica y social).*[16]

---

15   Esteban Rosario. *Los dueños de la República Dominicana* Santo Domingo: M&M Editores, 1992; *La familia Bermúdez (fortuna y crisis).* Santiago de los Caballeros: Editora Mariel, S/F.; *La oligarquía de Santiago.* Santiago de los Caballeros: Central, 1997; Las *quiebras bancarias en Santiago y Santo Domingo.* SD: Amigo del Hogar, 2006 y *Corrupción y privilegios empresariales (1961-2012).* Santo Domingo: Soto Castillo, 2013.

16   Santo Domingo: CEDEE, 1991. Las citas tomadas de este libro las abrevio así: *PalmaS,* se Guido del número de la página. Y Pastor Vásquez anuncia, en un libro de próxima publicación titulado *La isla montonera,* que encontró en «los archivos de la Fultonhistory un documento que prueba la participación de Olivorio (*sic*) Mateo en la guerrilla del patriota haitiano Charlemagne Peralte en Haití en contra de los invasores norteamericanas que ocuparon Haití desde el 28 de junio de 1915 para abortar la revolución del doctor Rosalvo Bobo.» (Periódico *Hoy,*

La persecución no fue tanto por combatir las creencias religiosas de Liborio y sus seguidores, sino porque, como lo evidencia
Martínez al señalar que desde el gobierno de Ramón Cáceres se
intentó, por la fuerza, reducir a la obediencia a los seguidores de
este culto, la verdadera razón, al igual que el proceso de desposesión del campesinado del Este para que los ingenios azucareros se
apropiaron de aquellas tierras, radicó en que tanto Cáceres como
los invasores norteamericanos intentaron borrar del mapa a estos
campesinos a fin de convertirles primero en proletarios y luego en
fuerza de trabajo para valorizar el capital y lograr la centralización
del incipiente Estado capitalista.

Tanto el régimen de Cáceres como el de la ocupación americana
tuvieron como estrategia principal, aunque no pudieron lograrlo, la
modernización e institucionalización del Estado dominicano, algo
imposible de lograr sin no se acababa con los caudillos y caciques
regionales que disponían de ejércitos privados y de seguidores
incondicionales pagados con dinero público a través del patrimonialismo y el clientelismo: «El gobierno militar americano en la
provincia de San Juan de la Maguana condenaba la 'vagancia' para
justificar la proletarización, es decir, para que el campesino [ven-
diera] su fuerza de trabajo; al prohibir que los animales se criaran
libremente, obligó junto a los demás mecanismos de despojo, a
que los campesinos regalaran o vendieran a precios muy bajos sus
animales, empobreciéndose con esto sus familias.»

Martínez constata también que los resultados del acoso militar
norteamericano lograron su objetivo: «Estas medidas represivas de
parte del gobierno militar americano condujeron a que un gran
sector descampesinizado se recampesinizara, al refugiarse en la
agricultura de subsistencia puesto que aún no era tan limitada la
frontera agrícola.» (*PalmaS.*, 73).

Sin embargo, la autora advierte que el resultado del acoso, aunque culminó con la muerte de Liborio y sus acompañantes el 27
de junio de 1922, no produjo una descampesinización total, sino

---

parcial, por las razones que explica: «...en la historia de la proletarización de la región de San Juan de la Maguana, es decir, de la diferenciación rural, no representó un cuadro de descampesinización fuerte. La situación descrita se encaminó hacia un proceso de proletarización parcial, que fuera de la economía natural, preservó la economía campesina mercantil y creó proletarios, pero mucho más semiproletarios, puesto que el campesinado sanjuanero contaba aún con un fondo agropecuario que le impedía vender totalmente su fuerza de trabajo.» (*PalmaS*, 73).

Por supuesto, Martínez tiene razón en su enfoque, pues si el resultado hubiera sido lo contrario, el liborismo no hubiese surgido, con la fuerza que emergió, luego del ajusticiamiento de Trujillo el 30 de mayo de 1916, pero el Consejo de Estado logró, en 1962, con la matanza de Palma Sola lo que el invasor norteamericano no pudo lograr: eliminar poco más poco menos de 700 seguidores de la religión milenarista de Liborio en un solo día y aun así, el Estado siguió siendo lo que había sido desde 1844, es decir, un Estado sin nación, con una población totalmente excluida de las decisiones políticas, víctima del clientelismo, el patrimonialismo y el autoritarismo y, lo peor de todo, con una oligarquía recompuesta por los Estados Unidos luego del golpe de Estado del 25 de septiembre de 1963 contra el gobierno constitucional de Juan Bosch, pero con la novedad de que esa misma oligarquía subsumió en su líquido amniótico a la incipiente fracción burguesa agostada por el capital financiero.

Los ocupantes norteamericanos, al igual que los gobiernos clientelistas y patrimonialistas que padeció el país hasta 1916, persiguieron la religiosidad popular que se manifestaba a través del milenarismo liborista, a través del vudú, el carnaval y el gagá, pero como estas dos últimas manifestaciones no asumieron una posición de resistencia política al invasor, lograron sobrevivir, pues como dice Carlos Esteban Deive, ellas son también partidarias del mantenimiento del orden: «¿Cuál es el papel que, en los procesos de desarrollo planificado, juego el comportamiento mágico-religioso? El punto de vista más comúnmente aceptado consiste en reputar este comportamiento como un obstáculo al cambio social. Prácticas y creencias mágico-religiosas pasan por factores relevantes en el mantenimiento de las tradiciones y, por ende, del *statu quo*. Su carácter conservador permite sostener la prevalencia de brujos, curanderos y otros agentes de lo sobrenatural, los cuales sirven sólo para alimentar la ignorancia y la mentalidad mítica del campesino.»[17]

A pesar, de todas las prohibiciones del vudú o jodú[18], como se pronunciaba y escribía desde la época de Félix María del Monte, esta práctica, así como la del carnaval y su hijo el gagá persisten, y persistirán en nuestra sociedad, porque son prácticas de sujetos, al mismo título que las religiones oficiales. Persisten porque en el Estado oligárquico latinoamericano, la religión oficial y el catolicismo, aliado natural del Estado, no pueden, so pena de perecer, resolver los problemas cotidianos de los pobres, los marginados y los proletarios. De ahí el surgimiento y la persistencia precaria de las religiones populares porque son religiones vitalistas, como afirma Manuel María Miniño: «…creo que está sentado claramente que el Vudú es una religión que aunque primitiva, es una religión viva de extraordinaria vitalidad.»[19] Las religiones populares son un resuelve-problemas cotidiano.

El vudú, el carnaval y el gagá son el sincretismo mismo de la definición de la sociedad dominicana y dondequiera que sean practicadas, igual que la religión católica, son el mantenimiento mismo del orden social.

En el Este, los *marines* no persiguieron religiones milenaristas. Los guerrilleros, llamados por ellos gavilleros, no conocían ese ritual que entró al Este con la inmigración de braceros haitianos a partir de 1916-24 hasta hoy. La religiosidad popular en el Este era la salve, los palos y los toros de Bayaguana, fiesta organizada por

---

17   En *Vodú y magia en Santo Domingo*. Santo Domingo: Fundación Cultural Dominicana, 1988, p. 375.

18   Emilio Rodríguez Demorizi, en *Música y baile en Santo Domingo*. Santo Domingo: Librería Hispaniola, Colección Pensamiento Dominicano, p. 95 y siguientes (capítulo titulado «Contra el voudou», pp. 93-99), censa la prohibición del vudú con la proclama del Bando de policía y gobernación de 1862, en el gobierno de Pedro Santana, casi en víspera de la Anexión, hasta las diatribas de poetas y decimeros

19   En ¿Es el Vudú religión? El Vudú dominicano. Santo Domingo: Libros y Textos, Colección Antología de Nuestra Voz n.º 20, 1985, p. 31.

la Hermandad del Santo Cristo, la que tenía filiales en las distintas secciones y parajes de las provincias con su jerarquía de notables, elegidos democráticamente por los mismos campesinos.

Por ejemplo, para citar un caso que conozco, en la sección Don López, de Hato Mayor, la presencia africana se remonta al mayorazgo de Dávila, otorgado a principio de siglo XVI por el Rey a Gil González Dávila y luego de cambiantes sucesiones vino a caer en manos de la familia De la Rocha Landeche y Coca hasta extinguirse con la ocupación haitiana de Boyer, aunque para principio de siglo XX todavía le quedaban algunas hectáreas a Doña Mercedes de la Rocha y Coca, a tal grado que se permitió el lujo de donar el solar donde está edificada la iglesia de las Mercedes, frente al parque de Hato Mayor[20].

Como se ve por la nota anterior, la cultura negra del Este es, hasta la llegada de los haitianos en 1822-44, netamente africana y al distribuir Boyer los latifundios del Este entre los campesinos dominicanos de origen africano a fin de granjearse su lealtad, esto produjo una transformación de la tenencia de la tierra y una nueva forma cultural de religiosidad popular: el vudú dominicano[21]. Si

---

20   Para más detalles, véase de Manuel Antonio Sosa Jiménez *Hato Mayor del Rey, su sitial en la historia dominicana*. Santo Domingo: Taller, 1993, sobre todo la parte I.5 p. 23) que narra la historia sucinta del primer Dávila, Francisco, «aventurero ambicioso», «esclavista de indios», «develador (*sic*) del primer alzamiento de negros esclavos en América», «dueño de tejares, ganados, fincas y estancias», «prestamista», «dueño de minas de oro y de plata en Cotuy», «Tesorero Real», «Regidor Perpetuo», «Capitán y colaborador de las tropas españolas que combatieron al cacique Enriquillo en las montañas del Bahoruco»; el capítulo 6 que narra el origen del hato del Rey, de donde derivó el nombre de la aldea; la parte I.6 (p. 31) que narra cómo se creó el mayorazgo de Dávila; la parte I.8 que trata sobre los hatos menores del mayorazgo; la parte I.9 (p. 42) que versa sobre el segundo alzamiento de esclavos negros en los predios del mayorazgo, específicamente en un ingenio ubicado a orillas del río Casuí, pues hubo un primer alzamiento en Higüey encabezado por Juan Criollo entre 1533 y 1448; y, finalmente, la parte I.10 (p. 45)que cita los «dueños del hato mayor del Rey, desde 1520 hasta 1904.

21   Todos los tratadistas de este tema (F. Lizardo, S. A. Vásquez, F. S. Ducoudray, M. M. Miniño, D. Tejeda Ortiz, C. E. Deive y otros) insisten en que el vudú haitiano, introducido durante los 22 años de ocupación, derivó en un nuevo tipo de religiosidad popular, el vudú dominicano, compuesto sincrético de elementos africanos subyacentes desde la Colonia, fundido con elementos de la religión católica y elementos del vudú haitiano, pero ahora con su propia especificidad cultural dominicana y prosperó en nuestra sociedad, según Sosa Jiménez, debi-

bien los Dávila-Landeche-Coca recuperaron parte de sus tierras, sobre todo con el ascenso de Santana al poder, la situación ya no fue la misma en razón de los derechos adquiridos de los negros de origen africano que fueron liberados de la esclavitud por Boyer y que respaldaron, los segundos en hacerlo en el Este, la independencia del 27 de febrero una vez despejado por Bobadilla el temor a que la república que acababa de nacer no reconociera la abolición de la esclavitud proclamada por Boyer, así como el reconocimiento de la propiedad de la tierra que les repartió el mandatario haitiano.

Esto explica, quizá por la experiencia de los negros del Este en las guerras de independencia y de la Restauración, el alzamiento de los guerrilleros de nuestra región en contra de la ocupación militar norteamericana y que esa resistencia haya durado cinco años, lo que no ocurrió en ninguna otra parte del país. De modo que postulo también como hipótesis que hay que demostrar que la incidencia de las costumbres y la religiosidad popular de Haití en el Este fue muy escasa, tanto durante la ocupación haitiana como después con la inmigración de braceros haitianos en los ingenios azucareros yanquis o de propiedad dominicana.

La razón de esta escasa incidencia radicó en que ya los ritos netamente afro-vivieron y trabajaron unos como esclavos y otros como empleados del mayorazgo de Dávila y cuyas prácticas sociales fueron la salve, los baquinís, los bautizos, la confirmación episcopal, las bodas, el baile del merengue y otros ritmos como el son tocados por conjuntos de guitarra, maracas y marimba, sustituidos luego estos instrumentos por el acordeón, la güira y la tambora, y todos los rituales católicos practicados por negros, mulatos y blancos pobres o pudientes, cabos de año, los palos y los toros de Bayaguana que, al fin y al cabo, terminaban en Higüey con ofrendas a la Virgen de Altagracia.

---

do «a la segregación entre las colonias francesa y española, en todos los órdenes, con énfasis en lo cultural (...) No es infección de Haití. Se originó aquí. Esto es cierto.» (obra citada, p. 92). Sus manifestaciones o prácticas espirituales de origen africano son: las velaciones, el baquiní, el maní, el priyé, la montadera de difuntos, espíritus o caballos (médiums), la adivinación (con rasgos hispánicos) y el entierro (peculiar en los bateyes de haitianos). Nuestro vudú «no es infección de Haití. Se originó aquí. Esto es cierto» (*Ibíd.*, p. 91), lo repite de nuevo Sosa Jiménez .

A esta escasa incidencia de lo haitiano con su vudú y su gagá contribuyó también la quiebra de la producción azucarera en el Este a principio, y hasta finales, de la Gran Recesión que produjo en los Estados Unidos y en la economía mundial el hundimiento de la Bolsa de Valores de Nueva York en 1929. Esto ocasionó la repatriación casi masiva de haitianos cortadores de caña no solamente en nuestro país, sino también en Cuba. Para nuestro país, y sobre todo para la región Este, esta crisis económica mundial y la caída de los precios del azúcar en el mercado internacional significó el fin de la llamada «danza de los millones» y un afianzamiento de las costumbres y la religiosidad popular afro-hispana en aquella región y, por ende, un afianzamiento de la cultura cocola, sus ritos religiosos y sus guloyas *vis à vis* de su competidor cultural, el vudú y el gagá haitianos, sobre todo en las provincias de La Romana y San Pedro de Macorís.

Una vez superada la crisis de la caída de los precios del azúcar y constatado el resurgimiento de la producción azucarera con la compra por Trujillo de casi todos los ingenios de propiedad norteamericana, excepto el Central Romana y los ingenios de los Vicini, habrá que determinar si la nueva modalidad de contratación de braceros haitianos para el corte de la caña y su resistencia a volver a Haití significó esta vez un reforzamiento de la práctica del vudú, el gagá y otros rituales culturales haitianos en la región Sureste, incluidos los bateyes de los centrales trujillistas de Sabana Grande de Boyá, Haina, la capital del azúcar, Quisqueya, Consuelo, Colón, CAEI, Catarey en Villa Altagracia, Barahona y otros enclaves más pequeños[22].

La ocupación militar norteamericana
vista por algunos historiadores

¿Qué dicen los historiadores racionalistas acerca de la intervención y su impacto en todos los órdenes de la vida social?

---

22 Existe una bibliografía no desdeñable sobre el tema e incluso sobre la diferenciación entre el vudú haitiano y el dominicano, así como estudios específicos ya citados: June Rosenberg, Lusitania Martínez, Carlos Esteban Deive, Martha Ellen Davis, Dagoberto Tejeda Ortiz, Carlos Andújar, etc.

Analizaré solamente el discurso de los que escribieron en el período de la ocupación militar norteamericana, espacio de verdaderas apuestas políticas e ideológicas que comportaban riesgos.

Bernardo Pichardo la despacha en veinte líneas en su *Resumen de historia patria*[23]. Cierto que la opinión sobre dicha ocupación militar no fue redactada por el autor, muerto en 1924 al final de aquel régimen de fuerza, sino por Emilio Rodríguez Demorizi, según Néstor Contín Aybar[24], quien le agregó la síntesis cronológica que va de 1916 a 1922. Y dicho *Resumen...* fue aprobado en 1921 como obra de texto por recomendación de la Comisión Técnica de la Oficina de la Superintendencia General de Enseñanza al frente de la cual estaba Julio Ortega Frier, un intelectual ancilar del invasor. En plena Era de Trujillo, mediante circular n.º 107 del 21 de octubre de 1941, fue aprobada «como obra de texto en la enseñanza primaria», por influencia del hijo del autor, Paíno Pichardo, uno de los grandes ministros de Trujillo.

Pero la ideología historicista es la misma de Pichardo a Rodríguez Demorizi, puesto que el nacionalismo de ambos derivó en una oposición tibia a la ocupación, no aguerrida como la de Lugo, Fabio Fiallo y el presidente Henríquez y Carvajal, y que salva dicha obra la expresión el «se inició, so pretexto», así como la frase, referida a la desocupación: «Fue el triunfo de la permanente y altiva protesta del pueblo dominicano frente a la pérdida de la soberanía nacional.» (Obra citada, p. 403). Este es otro de los textos que se hace eco e incluye la intervención de lo divino en la historia, un mito del racionalismo positivista donde la citada virgen contribuye a la matanza de los pobres indios.

Y esta vez el texto sí es de Bernardo Pichardo, quien escribe: «Como a las nueve de la noche dicen que se observó, desde el campamento español, merced a una luz desconocida y suave, sentada en uno de los brazos de la cruz, a Nuestra Señora de las Mercedes, y, ante esa visión, todos, absolutamente todos, desde el Descubridor y su hermano don Bartolomé que lo acompañaba,

---

23 Santo Domingo: Amigo del Hogar, Colección Pensamiento Dominicano, 1974, pp. 402-403. Primera ed. Barcelona: Sampere, 1922.

24 En *Historia de la literatura dominicana, t. III*. San Pedro de Macorís: Universidad Central del Este, 1984, p. 137.

hasta el último soldado, postrados de rodillas oraron con fervor (…) Al fin la batalla se empeñó con denuedo y decisión y el éxito definitivo coronó los esfuerzos de las huestes castellanas que produjeron el espanto en todas esas tribus coligadas, cuyo número, según algunos historiadores, alcanzó al de treinta mil indios, en tanto que los españoles sólo ascendían, poco más o menos, al de doscientos.» (Obra citada, p. 23).

Y no extraña que el preparador de la síntesis haya incluido la coronación de la Virgen de la Altagracia el 15 de agosto de 1922, en plena intervención militar, como una analogía con la supuesta aparición de la virgen de la Mercedes en el pleito del Santo Cerro (*Resumen*, p. 403), pero esta vez como intercesora del pueblo dominicano en contra de la ocupación militar yanqui.

Un historiador tan avezado y curtido en las luchas políticas como Ramón Marrero Aristy al reseñar el exterminio de los indios por Colón en La Vega, elude la confusión entre mito e historia y se salta la aparición divina en los combates entre humanos[25].

De los historiadores contemporáneos que atravesaron el pantano de la Era de Trujillo, Marrero Aristy es el crítico más radical al tratar del tema de la intervención militar norteamericana de 1916-24 en nuestro país, algo extraño en la Era de Trujillo, pues el mismo dictador se preciaba de haber sido un *marine* formado por el ejército invasor yanqui. La crítica contra el invasor yanqui podría entenderse como una tolerancia o respeto a la clase intelectual nacionalista que engrosó la filas del trujillismo desde 1930, incluido el clan de los Henríquez-Ureña como pionero.

Meterse en el zapato del autor de *Over* es como verle participar, vociferante e indignado, en las jornadas nacionalistas de los años 1920 y aunque no vio, como sus colegas de la época, que la ocupación militar y su consecuencia inmediata, el gobierno militar, formaban parte del designio imperial de Estados Unidos de controlar el arco de las Antillas, Centroamérica, Colombia y México, como medio de control del comercio internacional que se realizaba a

---

25 Marrero, obra citada, *La República Dominicana. Origen y destino del pueblo cristiana más antiguo de América*. Ciudad Trujillo: Del Caribe, t. I, pp. 31-35. Citado de ahora en adelante así: Marrero, seguido del número del tomo y de los números de la página y la columna.

través del canal de Panamá, cuyo arrendamiento por 99 años obtuvieron gracias al desmembramiento de la provincia colombiana de Panamá cuando no lograron imponer la aprobación del Congreso de aquel país a los planes imperialistas norteamericanos.

Ante la negativa de los legisladores colombianos, la diplomacia del dólar decidió crear la república de Panamá y montar un gobierno dócil cuyos sucesivos mandatarios cumplieron con los dictados del Imperio hasta la firma del tratado Torrijos-Carter que puso término al usufructo de las riquezas generadas por tan lucrativo negocio.

Dice Marrero Aristy, al referirse al hecho de fuerza de la ocupación militar de nuestro país, sin dejar de engañarse de la ideología justificadora de la intervención por la proclama del capitán Harry S. Knapp: «…la política de intervenir una nación poderosa por la fuerza en los asuntos internos de otra pequeña para imponerle «democracia» o normas administrativas consideradas mejores por la nación opresora, sólo conducen al descrédito de aquel que tales actos comete y a ensanchar por largo espacio de tiempo la grieta de incomprensión que alguna vez pudo separar al opresor y al oprimido.»[26] (Marrero, II, 382, col.2).

Hay una crítica al etnocentrismo norteamericano como ideología de la superioridad de un pueblo sobre los demás, pero también un ajuste de cuentas que rebaja el pretendido genio de los sujetos de aquella nación, y se pregunta el historiador: «Hasta dónde la República Dominicana perdió una de sus mejores oportunidades para rehacerse económicamente durante el período comprendido entre 1916 y 1924, de haber sido administrada por gobiernos propios y eficientes, nunca podrá apreciarse, a menos que no se desenmascare algún día la tupida red que a favor de sus propias actuaciones creó la maquinaria de propaganda montada por el Gobierno militar norteamericano.» (Marrero, 383, col. 2).

¿Cómo funcionó ese sistema de propaganda? Marrero lo desmonta: «Se puso énfasis en la declaración de que por obra de la ineficiente administración del doctor Fco. Henríquez y Carvajal

---

26   *La República Dominicana. Origen y destino del pueblo cristiano más antiguo de América, t. II.* Ciudad Trujillo: Del Caribe, 1958, p. 382, col. 2. Abrevio así: Marrero, seguido de número del tomo y de los números de la página y la columna.

y sus secretarios de Estado, el tesoro dominicano estaba exhausto, con déficit de $ 14.000 [dólares, DC], cuando en realidad lo que había ocurrido era que al suspendérsele a ese Gobierno la entrega de los fondos que legalmente le correspondían, se produjo una parálisis en los capítulos de ingresos de su presupuesto.» (*Ibíd.*, t. II, 383, col. 2).

El historiador aclara la situación y restablece la verdad de lo ocurrido ante tal acusación al gobierno del presidente Henríquez: «El Gobierno militar encontró en cambio una cantidad de $ 1.713.308.91 [dólares, DC] que habían sido retenidos por el receptor general de aduanas y que correspondían a la administración pasada, así como una suma que superaba los $ 3.000.000 [de dólares, DC] acumulados debido a las demoras experimentadas en el desarrollo del programa especial de obras públicas iniciado por el Presidente Cáceres en 1[9]08, cantidad que se hallaba depositada en el *Guaranty Trust* de Nueva York y sólo podía ser gastada con la autorización de Washington.» (*Ibíd.*, t. II, 383, col. 2).

Y, finalmente, Marrero Aristy desenmascara una parte de la «maquinaria» de propaganda puesta a circular en nuestra sociedad por los invasores yanquis, y al mismo tiempo nuestro historiador duda del genio y la eficacia de los administradores americanos: «De esta manera, al comenzar su ejercicio el Gobierno militar dispuso de gran abundancia de fondos, y le fue fácil desde el primer momento explotar ante el público el «milagro» de la eficiencia norteamericana, sobre todo cuando la verdadera causa de la súbita aparición de recursos económicos fue cuidadosamente ocultada por la propaganda que dirigía el nuevo régimen.» (*Ibíd.*, t. II, 383, col. 2).

Otro vector ideológico que Marrero Aristy desmonta es el del dispendio del presupuesto de los gobiernos anteriores en comparación con el manejo pulcro y eficiente de los dineros públicos por parte del gobierno militar de ocupación: «Otra ventaja inapreciable que tuvieron en su favor los militares norteamericanos desde el primer momento para montar una administración con más poder económico que las últimas existentes desde la muerte del General Ramón Cáceres, consistió no solamente en la inexistencia de revoluciones y en la supresión de todos los subsidios que se les pasaban a los caciques políticos regionales, sino en que el Gobierno militar no tenía que pagar un ejército ni sueldos de altos funcionarios de la Nación por hallarse tales servicios en manos de oficiales y soldados de la marina y del cuerpo de infantería de marina norteamericana, cuyos salarios(*sic*) eran pagados por los Estados Unidos, a lo que se agregaba la suspensión del Congreso Nacional dominicano, de modo que las ventajas para los gobernantes extranjeros eran más que obvias.» (*Ibíd.*, t. II, 384, col. 1).

Los políticos dominicanos, bolos y coludos y las demás formaciones pequeñas: progresistas, legalistas, liberales, republicanos, etc., creyeron que los Estados Unidos iban a intervenir militarmente el país para separar a dos gallos de pelea que se mataban entre sí, que esa ocupación sería transitoria y que luego los caudillos tradicionales volverían a sus andadas.

Marrero Aristy lo intuye, sobre todo en el caso de Desiderio Arias, y su «huida» al Cibao, donde entrega en el Ayuntamiento de Santiago las armas suyas y las de sus partidarios: «…entonces el famoso general Desiderio Arias llegó a Santiago donde entregó las armas sin dificultad, preparándose para acciones más lucrativas que la defensa de la patria, pues tanto él como los demás caciques, en vez de preocuparse por la trágica situación en que se hallaba la República, consideraban que podía crearse por sí misma una situación de dominio político de sus grupos para continuar el usufructo de la escuálida cosa pública aún sin las estrechas y humillantes condiciones que los norteamericanos lo permitieran.» (*Ibíd.*, t. II, 368 col. 2 y 369 col. 1).

Pero en ese momento nadie sospechaba que el general liniero había firmado un acuerdo con el ejército de ocupación yanqui en la Legación haitiana en Santo Domingo, del cual fue testigo el mismo Ministro haitiano, y se ha sabido esto por la investigación llevada a cabo por José C. Novas en los archivos de los Museos y División de Historia del Cuerpo de Marina de los Estados Unidos en Washington[27]. Y aunque no se dispone de fotocopia del acuerdo original firmado por los generales rebeldes Arias, Cesáreo y Mauricio Jiménez, por un lado; y, por el otro, el jefe de la Legación norteamericana, los militares yanquis y el jefe de la Legación

<hr>

27 Novas, obra ya citada, pp. 55-56.

haitiana, disponemos por lo menos de un informe del Almirante Caperton, quien se encuentra a bordo del navío *Delfín*, dirigido al Secretario de la Marina, donde le informa que le entregó (incluido como Anexo D), una especie de ultimátum a Arias, para que desarme a sus fuerzas rebeldes o de lo contrario ocupará la ciudad y les desarmará. He aquí el documento que me facilitó cortésmente el historiador Novas:

Admiral Caperton to the Secretary of the Navy

U. S. S. "DOLPHIN,"
Santo Domingo, May 13, 1916.

At 10 a. m., May 13, I called upon the United States Minister at the Legation, and after discussing the situation with him, arranged to see, at the Haitian Legation in Santo Domingo City, General Arias and some of the other rebel leaders. There were present at this conference, in addition to the Minister and myself, Commander W. S. Crosley, Lieutenant-Commander William D. Leahy, my Chief of Staff, Mr. Johnson, Secretary of the Legation, General Desiderio Arias, General Mauricio Jiménez, Commandant of the fortress, and Mr. Cesáreo Jiménez. After an extended discussion undertaken with the object of finding an amicable method of supporting the constituted government, I delivered at 11.50 a. m., to General Arias, a written communication signed by the United States Minister and myself, (Inclosure D) which informed him that, if the rebel forces now in the city of Santo Domingo do not disarm and turn over their arms and ammunition to the United States forces by 6 a. m. Monday, May 15, 1916, it is my intention to occupy the city and forcibly disarm the rebels therein. I informed General Arias that my purpose in doing this was only to insure the peaceful performance of the work of the constituted government without fear of armed coercion, and that I would regret very much the necessity for the use of force.

MAY 14, 1916.

y cuya traducción literal es como sigue: «El Almirante Caperton al Secretario de la Marina. U. S. S. «*DOLPHIN*», Santo Domingo, 13 de mayo de 1916. A las 10 de la mañana del 13 de mayo convoqué a la Legación al Ministro de los Estados Unidos y, luego de debatir con él la situación, se acordó ver, en la Legación haitiana en la ciudad de Santo Domingo[28], al General Desiderio Arias y algunos de los demás líderes rebeldes. En esta reunión estuvieron presentes, además del Ministro y yo mismo, el General Mauricio Jiménez, Comandante de la Fortaleza y el

---

28 Novas, obra ya citada, pp. 55-56.

Sr. Cesáreo Jiménez. Luego de un amplio debate sostenido con el objetivo de encontrar un forma amistosa de apoyar al gobierno constituido, entregué al General Arias, a las 11h50, una comunicación escrita y firmada por el Ministro de los Estados Unidos y por mí mismo (Anexo D) en la que le informo que si las fuerzas rebeldes destacadas en este momento en la ciudad de Santo Domingo no se desarman y entregan las armas y municiones a las fuerzas militares de los Estados Unidos a las 6 de la mañana del lunes 15 de mayo de 1916, mi intención es ocupar la ciudad y desarmar por la fuerza a los rebeldes en el acto. Le informé al General Arias que mi objetivo al hacer esto es únicamente asegurar la ejecución pacífica de la tarea del gobierno constituido sin temor a la coacción armada y que yo lamentaría mucho el uso la fuerza si fuera necesario.»

No creo que haya un solo estudio serio para la época que contuviera la perspectiva analítica de que los Estados Unidos iban a intervenir a todos los gobiernos del área del Caribe y Centroamérica, México, como sucedió en Cuba, Haití, República Dominicana, Nicaragua, Colombia y, Puerto Rico, que ya era, y es en la actualidad, una colonia yanqui, y que se disponía a controlar a los otros gobiernos sudamericanos que por su relación de poder era difícil de ocupar militarmente, sino a través de la diplomacia y el espionaje, con el único y exclusivo propósito de garantizar el dominio de los mares y del canal de Panamá, llave del control del comercio internacional y freno a la expansión económica y cultural en América Latina de potencias emergentes como Alemania, Inglaterra y Francia.

Sin embargo, el historiador Novas dice que Desiderio Arias comprendió esa estrategia política de los Estados Unidos, al firmar en la Legación haitiana el acuerdo de entrega de las armas y aceptar su confinamiento en una finca de tabaco sin ser molestado por los ocupantes norteamericanos, pero cuando estos intentaron procesarlo por robo de dinero público y usar al Ministro de Justicia del gabinete de Henríquez y Carvajal, Emilio Prud'homme, para perseguirle, el general Arias invocó el pacto firmado con los representantes del poder imperial y estos decidieron dejarle tranquilo, mientras tanto: «En términos de estrategia militar el general Arias comprendió la dimensión del expansionismo implementado por [los] Estados Unidos y la determinación de la Casa Blanca en su política exterior; era claro el plan de dominar la zona del Caribe a fin de proteger el tráfico marítimo que fluía a través del Canal de Panamá. A largo plazo, la misión de las fuerzas navales buscaban garantizar la navegación comercial por los mares de las Antillas y al tiempo desarticular las pretensiones del monarca alemán Wilhelm [Guillermo] II, que para 1916 era el cuarto inversionista en la región y tenía grandes intereses en Colombia, Venezuela, México y Haití.»[29]

Pero la tupida red de propaganda con que los norteamericanos adormecían a los políticos y los pueblos del arco del Caribe en el sentido de que intervenían para poner orden y seguridad en esos países, proteger a sus ciudadanos, a las inversiones norteamericanas, que de ningún modo iban a cercenar la soberanía de los referidos países y que se retirarían tan pronto ese orden estuviera garantizado, eran cantos de sirena. Todas las negativas de los Estados Unidos a reconocer un gobierno propio de los dominicanos, ya fuera dirigido por Desiderio Arias, Monseñor Armando Lamarche Marchena, horacista (1866-1932), Federico Henríquez y Carvajal o su hermano Francisco, radicó en que aquellos hombres no se avenían a acatar ciertos artículos de la Convención de 1907, pero estas objeciones no eran más que tácticas dilatorias, excusas, evasivas hasta que se completara el verdadero plan oculto, el de la ocupación militar.

Esta falta de análisis político de la realidad era la que llevaba a los políticos de la época a creer que era posible una salida negociada a la intervención militar norteamericana y de ahí, otra táctica dilatoria, como la de las famosas Juntas o Comisiones compuestas por algunos notables dispuestos a colaborar con el invasor, pero esas juntas y comisiones se volvían, de un día para otro, agua de borrajas.

Por eso yerra Frank Moya cuando dice lo siguiente, a raíz de la rebelión de Desiderio Arias contra el presidente Juan Isidro Jimenes y que, con el control del Ejército y del Poder Legislativo,

---

29   Novas, obra citada, p. 40.

el cacique liniero forzó la renuncia del mandatario acusado de violar la Constitución y las leyes y de seguro, imponerse como Presidente de la República. Como los norteamericanos no iban a permitir ningún gobierno propio encabezado por dominicanos, cuando Jimenes se negó a utilizar a los *marines* para mantenerse en el poder, Desiderio consideró llegada su oportunidad, pero el jefe de las Fuerzas Navales le dio una especie de ultimátum al general liniero: o entrega las armas o bombardeamos la ciudad. Y Moya Pons agrega: «Arias decidió recoger sus armas y municiones e irse en campaña hacia la Línea Noroeste a combatir la intervención militar en el terreno que le era familiar.»[30]

Fue todo lo contrario, Desiderio Arias, uno de los responsables del fracaso de la Tercera República, junto con Horacio Vásquez, llamó a sus tropas a retirarse tranquilamente y en paz hasta que llegara el momento propicio para tomar el poder una vez que los americanos evacuaran el país. Pero Desiderio no solo produjo la desmovilización, sino que pactó con los norteamericanos, según se desprende de su propia declaración, recogida por José C. Novas: «De acuerdo con el diario de campaña del coronel Joseph Pendleton, el traslado del general Arias al centro del Cibao al parecer tuvo razones estratégicas, la justificación fue que a raíz del alegado ultimátum del jefe de las tropas invasoras, Arias decidió irse a la región donde tenía miles de seguidores, con los que creyó podía garantizar su seguridad frene a los *marines* que hasta ese momento habían desembarcado 200 soldados; el cálculo del general Arias lo llevó a Santiago donde finalmente entregó las armas a las autoridades dominicanas.»[31]

Pero había otra transacción, según Novas, quien sigue el hilván del diario de campaña de Pendleton: «Con el tiempo se descubrió que había aspectos dentro de los acuerdos concertados entre los amotinados, la Legación de Estados Unidos y los comandantes invasores; trascendió que los generales Arias, Cesáreo y Mauricio Jiménez habían firmado un documento en representación de

---

30   *Manual de historia dominicana*. Santo Domingo: Centenario, 1997, p. 470.
31   *Los gavilleros. La lucha nacionalista contra la ocupación 1916-1944*. Santo Domingo: Argos, 2016, p.40.

los amotinados en la Fortaleza Ozama con los jefes de las tropas extranjeras, el cual establecía las condiciones para desalojar la plaza, ese aspecto de la ocupación permaneció en secreto por un tiempo y fue conocido cuando se produjo el arresto del general Desiderio Arias.. (Obra citada, p. 40).

Cuando se produjo el sometimiento de Desiderio Arias a la justicia por parte del Ministro de Justicia del gabinete de Henríquez y Carvajal, Emilio Prud'homme (Novas, pp. 53-54), y se procedió al arresto de Arias y Mauricio Jiménez bajo el cargo de «malversación de fondos públicos mientras ejercían funciones en el gobierno de Jimenes», el general liniero calificó la medida como una «conspiración de sus enemigos» y refutó el rumor de que «...abandonaron la capital y no enfrentaron los invasores, [y aclaró que, DC] no se debió al ultimátum como informaron las fuerzas invasoras, sino honrando los términos de un convenio firmado entre el grupo rebelde, los jefes invasores y representantes de Estados Unidos en el local de la Embajada de Haití en Santo Domingo.» (Obra citada, p. 55).

Y el ovillo de la transacción se despliega con la protesta de Arias a raíz de su detención, junto a Cesáreo y Mauricio Jiménez, por una tratativa urdida por los invasores por mediación del Ministro Prud'homme, hombre influenciable y de poco carácter: «Arias afirmó que su encarcelamiento violaba el acuerdo de garantía para él y los generales Cesáreo y Mauricio Jiménez [que] contenía el documento firmado por él a nombre de los amotinados, en el que también estamparon sus firmas(*sic*) el Embajador William W. Russell y el almirante Charles F. Pond; según el general Desiderio Arias la reunión se llevó a cabo dentro de la Legación de Haití en presencia del Embajador de ese país como testigo[32] y reiteró que en el acuerdo se establecía que la capitulación debía realizarse en Santiago y las armas entregadas a las autoridades dominicanas de aquella ciudad, como de hecho ocurrió.»[33] Cualquiera creería que

---

32   Véase nota 27.

33   Obra citada, pp. 55-56. Además, Novas suministra la fuente de su afirmación: Martin K. Gordon y Joseph Henry Pendleton 1860-1942. *Register of his personal papers. (Diario de campaña)*. History and Museums Divison Headquartes, U. S. Marine Corps, Washington, D. C. 1975, p. 72.

ese Embajador haitiano era un representante de un país soberano. Todo lo contrario, intervenido Haití por las tropas norteamericanas desde 1915, el referido diplomático no podía ser, al igual que los altos funcionarios dominicanos, designado o aprobado por el gobierno militar de ocupación, sino que era una marioneta de los Estados Unidos.

En conclusión, Marrero Aristy tenía razón cuando señalaba, responsablemente, lo siguiente: «Si los llamados hombres de armas no habían cumplido con su deber, en cambio los periodistas sí lo estaban haciendo.» (Marrero, II, 375, col. 1).

Con respecto a las causas ocultas de la ocupación militar yanqui de nuestro país en 1916-24, al referirse a la ocupación del Cibao, el Norte y el resto del país, el historiador Manuel Ubaldo Gómez dice lo que sabe, pero no sabe lo que dice cuando se hace eco de la ideología imperial que Marrero Aristy criticó en su día: «Los jefes de la ocupación no demostraron ideas de destruir la soberanía de la República sino de ayudar a restablecer el orden, y permitieron que la Asamblea Nacional eligiera un Presidente, recayendo, por acuerdo de los partidos, en el Dr. Francisco Henríquez y Carvajal, verdadera cumbre dominicana.» (1983: 388-389)., [1937]

Pero el historiador se dio cuenta del juego cínico de los ocupantes cuando explica que esos mismos invasores imposibilitaron el ejercicio libre al gobierno de Henríquez y Carvajal al negarle la partida de dinero que le correspondía luego de la deducción de los ingresos aduanales para el pago de la deuda pública de nuestro país «por haberse negado patrióticamente a aceptar un tratado atentatorio a la soberanía de la República que tampoco quiso aceptar el gobierno de 1915.» Se refiere, por supuesto, al presidente Juan Isidro Jimenes.

Y termina Gómez (1983: 389) su análisis culpando a la ínfima minoría de políticos criollos de ser los responsables de la ocupación militar yanqui: «Es un hecho indiscutible que los políticos de oficio en el país no llegan a un veinte por ciento de los dominicanos; pero esa minoría mantuvo la República desde la muerte de Cáceres hasta la ocupación americana en una anarquía tan desastrosa, que solamente ella explica la indiferencia con que el Pueblo Dominicano, tan celoso de su independencia, viera la invasión americana.»[34]

El historiador Gustavo Adolfo Mejía Ricart (1981: 11), deportado a Cuba por el gobierno de ocupación yanqui, debió publicar en aquella isla su posición política de rechazo y condena a la intervención norteamericana en nuestro país[35], donde los Estados Unidos es la metáfora del antiguo Imperio Romano: «Acuso a Roma de haber traicionado a la civilización. Acuso a Roma de haber violado nuestras costumbres puras y patriarcales. Acuso a Roma de haber profanado nuestros dioses y nuestros ídolos familiares. Acuso a Roma de haber mancado con sangre nuestros hogares. Acuso a Roma de haber ultrajado los tratados internaciones y las doctrinas de sus más preclaros hijos. Acuso a Roma por sus crueldades, sus crímenes y sus injusticias.»

En cambio, la actitud de Américo Lugo con respecto a la ocupación militar norteamericana acusa un rasgo radical comparado con la posición de los historiadores del partido del signo, e incluso rebasa las posiciones de Marrero Aristy y Mejía Ricart, los dos críticos más importantes dentro del discurso histórico de la época.

Al llegar en 1916 al país procedente del extranjero y encontrarse con el espectáculo de la ocupación militar yanqui, la posición ética y moral de Lugo fue de radical oposición a aquella intervención, pero también fue una crítica demoledora al inmovilismo de los partidos políticos, a las fuerzas armadas que se subordinaron a los dictados del invasor, a las vacilaciones del Gobierno dominicano y su Congreso, así como al colaboracionismos de las clases oligárquicas y medias que confraternizaron de inmediato con el ocupante yanqui.

---

34 Manuel Ubaldo Gómez (1983 [1937]). *Resumen de la historia de Santo Domingo*. Santo Domingo: Sociedad Dominicana de Bibliófilos. El autor se duele de la indiferencia de los políticos ante la intervención, pero él mismo fue de los colaboradores de la ocupación militar norteamericana al aceptar ser miembro de la Comisión de Educación creada por el Gobierno Militar yanqui mediante Orden Ejecutiva n.º 25, lo que contrasta con la actitud radical de su colega historiador Américo Lugo al llegar al país procedente del extranjero en julio de 1916.

35 *Sobre imperialismo y democracia*. Santo Domingo: Fundación Mejía Ricart-Guzmán Boom, 1981. Esta obra consta de tres ensayos. Los dos primeros, «Acuso a Roma» y «La defensa del Capitolio» se publicaron en 1920 en La Habana.

Y esta realidad palmaria se agravará cuando Lugo lea *El libro azul* publicado en 1920 por el Gobierno militar y vea los nombres y apellidos de los burgueses incipientes, de los comerciantes importadores y exportadores, terratenientes profesionales liberales anunciando sus establecimientos y propiedades en la referida publicación y, además, cuando Lugo constate el alto grado de colaboracionismo a que ha llegado la oligarquía y la pequeña fracción burguesa y profesional con el invasor, cuyo cenit tiene lugar con la elección de Juan Bautista Vicini Burgos como presidente provisional en octubre de 1922.

Debido a las enormes ramificaciones y relaciones familiares, políticas y empresariales de Vicini Burgos con la clase gobernante del país, esta figura simbolizaba el clientelismo y el patrimonialismo que reinó en la República Dominicana antes de la ocupación militar norteamericana y que será endosado a Horacio Vásquez y Trujillo después de la salida de las tropas de ocupación. Vicini Burgos fue hasta 1922, presidente del Ayuntamiento de Santo Domingo, y estaba vinculado por lazos políticos, comerciales, industriales y familiares al horacismo, al *Listín Diario, cuyo director*, Arturo Pellerano Alfau, era diputado horacista al Congreso Nacional y por vía de consecuencia, todos relacionados con los Henríquez y Carvajal, emparentado por lazos familiares con el empresario periodístico, puesto que el abogado y escritor estaba casado con Luisa Ozema Pellerano. Pero incluso, si se mira con ojos de hoy el árbol genealógico de Vicini Burgos se observa que sus lazos parentales, políticos y empresariales le ligaban a medio país.

¿Qué dijo Lugo al llegar al país procedente del extranjero a mitad de 1916? En una declaración pública[36] que tituló «La intervención americana», (Julio Jaime Julia II, 1977: 21-22) [1916] constató lo siguiente: «Presenciamos impasibles la pérdida del país. control político de nuestro país. La República ha sido intervenida

---

36   No solamente Lugo produjo este texto paradigmático de la relación entre ética y política, sino que las declaraciones públicas a que aludo ya habían sido expuestas en su tesis de doctorado en Derecho en el año universitario 1915-1916 y en la carta dirigida a Horacio Vásquez el 20 de enero de 1916 en la que traza con una aguda inteligencia analítica la inexistencia de la nación dominicana y, afirma, que en cuanto a su tesis doctoral, esta le acarreará no pocos problemas.

militarmente. Los Secretarios de Estado no protestan. El Congreso Nacional no elige Presidente, dilación que le cuesta a la nación una provincia por semana. Estamos frente a una invasión a mano armada. Santo Domingo ha sido ocupada, Puerto Plata ha sido ocupada, Monte Cristy (*sic*) ha sido ocupada, y toda la República será ocupada.»

El texto en cuestión fue enviado «expresamente» al periódico *Actualidad*, de Santo Domingo, que al parecer no lo publicó, aunque todavía la ley de censura previa no existía por lo que no se explica que el compilador Julia lo tomara del periódico *El Diario*, de Santiago de los Caballeros, de fecha 1 de agosto de 1916.

Afirma, Lugo, (Julio Jaime Julia II, 1977: 21) como patriota adolorido, lo siguiente: «Al regresar del extranjero, en vez de dominicanos indignados, he hallado un pueblo indiferente. En vez de un Gobierno a la altura de su deber, he encontrado Secretarios de Estado acobardados ante el invasor, o bien hallados con él, que reconocen por su inacción la insuficiencia de su autoridad legal, o que se aprovechan transitoriamente d ella, a la sombra de las armas americanas, para sobreponerse a sus enemigos políticos; y un Congreso en general incompetente, profundamente dividido por enconadas pasiones o asquerosos intereses, y completamente despreocupado del peligro nacional que nos envuelve: es decir, un Gobierno que, por interés en unos, apasionamiento en otros y falta de patriótica nobleza en todos, está sirviendo a maravilla los anti-nacionales intereses americanos.»

No escapaba quizá a Lugo que el núcleo oligárquico que abarcaba las familias de Juan Bautista Vicini Cánepa-Perdomo, Vicini-Burgos, Vicini-Cabral Bermúdez-Vicini, Vicini-Lluberes-Ricart orillando el 1900-1930, etapa coetánea a Lugo; y luego, desde el 1930 hasta el siglo XX, Cabral-Vega, Vicini-Cabral Tavares, Vicini-Cabral Thomén, Vicini-Lluberes-Bonetti era, desde 1922 con la presidencia provisional de Juan Bautista Vicini Burgos, el país entero, con sus diversidad productiva que le estaba subordinada: capital financiero, industrial, comercial, terrateniente, ganadero y, ahora, político, o sea, que a partir de ese 1922 hasta hoy, ese mamut no ha hecho otra cosa que crecer desmesuradamente, al grado de que hoy puede decirse que tres grandes familias, por orden de importancia, son los dueños del país[37] y que las restantes 20 familias no son más que vasallos subordinados: Vicini, Bonetti, Corripio. Sólo en 1920 los activos de la familia Vicini eran más o menos de US$ 5.000.000 (cinco millones de dólares repartidos en el país y en el estado de Nueva Jersey, en los Estados Unidos), mientras que los incipientes burgueses de Santiago y Puerto Plata no se acercaban a los tobillos de la fortuna de la familia Vicini, casi incuantificable en 2016. A aquellos 5 millones de dólares se enfrentó el patriota Lugo.[38]

---

37   Para un estudio de las inversiones y ramificaciones económicas de esta poderosa familia que, desde finales del siglo XIX (1860-1900) y de 1901 hasta hoy (2016), controla todos los resortes de la banca, la televisión, periódicos, producción de azúcar, turismo, puerto turístico, producción de alimentos, embutidos, ganadería, leche, helados, energía eléctrica, agua embotellada, metalurgia, tierras con vocación agrícola y turística, así como el nuevo filó que es la industria del cine y la cultura en general hasta el financiamiento de algunas publicaciones de la Academia Dominicana de la Historia, véase el libro completo de Esteban Rosario, *El grupo Vicini, el verdadero poder*. Santo Domingo: Búho, 2012.

38   De ahí el inmovilismo de todas las clases sociales ante la intervención militar norteamericana. Los hombres más ricos del país, Santiago Michelena, Augusto Chottin, los Bermúdez, Tavares y Espaillat de Santiago y según *El libro azul* (1920: 12122), los hermanos Rodolfo y Augusto Bentz (cuyo capital de 1.000.000 (un millón de pesos oro americano) no rozaban la cifra de los Vicini en 1922. En cuanto a la posición política de los Vicini, sus simpatías estaban repartidas, como es costumbre en países sin institucionalidad ni reglas de juego claras. Esteban Rosario (2012: 73) dice que Juan Bautista Vicini Burgos tenía su proyecto propio durante el período 1922-1924», mientras que «Felipe Vicini Perdomo era horacista. Al subir Trujillo al poder, fueron anti trujillistas, pues el dictador les afectó en un intento por doblegarles, pero salieron indemnes, al ser económicamente más poderosos que él. En 1962 tuvieron el control del país a través del Consejo de Estado –fueron cívicos– y luego a través del Triunvirato y su pariente Donald Reid Cabral, pero en 1963 fueron antiboschistas, para pasar más tarde –en 1963 luego del golpe de Estado– a dirigir el frente oligárquico dominicano recompuesto por los Estados Unidos ante el peligro de la revolución cubana de Fidel Castro, quien amenazaba con exportar el socialismo a toda América Latina a través de la guerra de guerrillas. Solo en propiedades de tierra y en bienes confiscados por Trujillo en 1957, los Vicini tenían 3.626. 253 (tres millones seiscientos mil veintiséis doscientos cincuenta y tres metros cuadros). La enemistad de los Vicini con Trujillo la confirma Bernardo Vega cuando afirma lo siguiente: «Hablar de bodas me recuerda que en ese verano en el 'Village' pasé por la calle 14 para estar en la Iglesia de San Patricio, en la boda de Giani Vicini y Alma Lluberes Henríquez. Habían optado por casarse en New York para no tener que invitar al 'Jefe'.» Véase *Intimidades en la era global. Memorias de Bernardo Vega de Boyrie, t. I. Los años formativos*. Santo Domingo: Fundación Cultural Dominicana, 20116, p. 89. Otra que se casó en Nueva York fue Alma Vicini (con Miguel Barletta), según lo documenta

Por esta razón, en 1916 Lugo quizá no vio que el poder de Vicini
Burgos, que pasa de presidente del Ayuntamiento a la presidencia
provisional en 1922 significada y simbolizaba todo el inmovilismo
y la claudicación de los partidos políticos, del periodismo, de parte
importantísima de los intelectuales, de la burocracia, de las fuerzas
armadas, del campesinado, de los trabajadores azucareros y de un
gran sector de la pequeña burguesía urbana y rural.

De ahí la desilusión y la impotencia, casi la rabia, de Lugo
(Julio Jaime Julia II,1977: 21-22): «Cuando creía hallar dos ban-
dos, uno compuesto por todos los dominicanos, otro compuesto
por todos los americanos, he encontrado dominicanos fraterni-
zando con americanos para perseguir a otros dominicanos. He
oído decir que los dominicanos perseguidos son rebeldes y enemigos de la República; y que los americanos que los persiguen son
leales y amigos de ella. '¡Cómo!', decía yo. ¿Los americanos son
tenidos por tales, lo son porque los Secretarios de Estado, olvi-
dando el alto ejemplo de su jefe que, aunque ha caído víctima de
sus propios inexcusables errores y debilidades, es absolutamente
incapaz d, por sus antecedentes, de pactar con los americanos, y
merece ser llamado, por su renuncia, el último patriota, se han
apoyado en ellos, permitiendo que penetren en todo el país a título de restauradores de la legalidad. Sólo cuando Santiago estuvo
a punto de ser sacrificada por la cobardía, indolencia y maldad
capitaleñas, me di cuenta de la grosera mentira, y mi corazón
extendió por un momento las alas como si quisiera proteger de

Antonia Vásquez de Freites en su libro *Memorias de una curiosa*. Santo Domingo:
Amigo del Hogar, s/d, pero posiblemente de 2010, p. 106. ISBN 978-9945-471-
02-1. Ante las expropiaciones por parte del dictador Trujillo de terrenos donde
quedan los barrios de Gualey, Ensanches Espaillat y Luperón, la familia Vicini
decidió, como medida de precaución, mudarse a Nueva Jersey, donde ya había
establecido una empresa en 1917, mientras los tribunales sancochaban la cróni-
ca de una sentencia anunciada. Los detalles del rompimiento de Trujillo con los
Vicini a causa de que el dictador no compartió poder y negocios con esta familia están narrados en *El grupo Vicini: el verdadero poder* (Estaban Rosario, obra
citada). Es en los Estados Unidos donde los Vicini traman el asesinato de Trujillo,
con Giani Vicini a la cabeza en los Estados Unidos de la conspiración para matar
a Trujillo, en contacto siempre con la CIA y el cónsul Henry Dearbon y también
autor de la amenaza de muerte a Ramfis Trujillo si no abandonaba el país a más
tardar a fines de 1961 están en Vega (obra citada, p. 177).

los cañones americanos a esa '*heroica, óptima y dulcísima ciudad de los Caballeros de América*'.»

El colofón de «La intervención americana» alude a un texto escrito en 1915-16, donde el gran república anti-imperialista traza la raya de Pizarro al deslindar el terreno suyo y el de los colaboradores del Gobierno militar de ocupación y su país, los Estados Unidos de Norteamérica, y avanza lo que será la tesis fundamental de la historia dominicana: la inexistencia de un Estado nacional verdadero. El país se divide en dos: los que creen en el mito de la nación dominicana al ritmo del partido del signo y los que creen en su inexistencia, al ritmo del partido del ritmo: «Acabo de publica la tesis *El Estado Dominicano ante el Derecho Público*, y sé mejor que nadie de la inutilidad de este esfuerzo, cuyo único resultado será causarme daños y enemistades, convencido, como estoy, de que no constituimos una nación verdadera. Pero no puedo consentir sin romper un silencio que creo culpable, en que los americanos nos arranquen la soberanía y con ella la honra y dignidad, aunque nos dejen la bandera como un trapo para enjugar nuestras lágrimas y tapar nuestra vergüenza.» (Julio Jaime Julia II (1977: 22).

Y para rematar con la libertad de los dominicanos y descoyuntar todo intento de combatir a los usurpadores extranjeros, pese a que ya está comenzada la rebelión en la acción de La Barranquita y se volverá endémica con los guerrilleros del Este, para aquella región que abarcó Hato Mayor, El Seibo, Higüey y La Romana como campos de operaciones de guerrilla, donde no pudo aplicarse la orden de desarme general ni la de censura, el nuevo gobernador militar Contralmirante Thomas Snowden firmó, por mandato de los Estados Unidos de Norteamérica, la Orden Ejecutiva n-o 385 que abolió la del 29 de noviembre de 1916 y requintó, con un carácter draconiano, el derecho a la libre expresión y difusión, escrita, del pensamiento y demás derechos humanos. Pero ahora esta ley de censura aparece con un contenido novedoso: la lucha contra el comunismo, llamado «bolchevismo» para la época, en la que un exministro de Jimenes, Arturo Logroño, saluda al movimiento postumista en carta a Andrés Avelino, del 21 de octubre de 1921, en plena intervención americana, quien la incluye en el opúsculo *Del movimiento postumista*, donde compara, en franca postura anticomunista, al filósofo con el fundador del Ejército Rojo, y para escribir semejante texto ha debido tener en cuenta el punto 2-a de la Orden Ejecutiva n.º 385: «Yo no me atrevo la formular un juicio sobre el 'Postumismo', tendencia revolucionaria de la cual es Ud. el León Trotsky como es Moreno Jimenes su Pontífice Máximo, el rudo i poderoso Nicolás Lenine. Pienso, solo, con temor supersticioso, que también para el Arte ha llegado la siniestra Hora Roja».[39]

Aquí comienza la lucha de los Estados Unidos en contra del recién creado Estado comunista de la Unión de Repúblicas Socialistas Soviéticas. He aquí el texto completo de tan drástica Orden Ejecutiva:

EL GOBIERNO MILITAR DE SANTO DOMINGO
ORDEN EJECUTIVA N.º 385
(Gaceta Oficial n.1 3083 del 15 de enero de 1920, pp. 7-9)

En virtud de los poderes de que está investido el Gobierno Militar de Santo Domingo, se dicta y promulga la siguiente Orden Ejecutiva:

1. Por la presente queda abolida la Censura en Santo Domingo, así como también la Orden intitulada «Censura» que aparece en la Gaceta Oficial No. 2758, y todas las demás leyes, decretos y órdenes que establecen la censura quedan así mismo derogados.

2. Con el fin de prevenir disturbios en el orden público se les prohíbe a todas las personas publicar en revistas, diarios, folletos, periódicos, hojas sueltas, o cualquier otra publicación, artículos de la siguiente naturaleza:

    a) Los que enseñen la doctrina comúnmente conocida en la actualidad como Bolshevismo* o anarquía, la cual, dadas las circunstancias que actualmente

---

39   En Diógenes Céspedes. *Lenguaje y poesía en Santo Domingo en el siglo XX.* Santo Domingo: Editora de la Universidad Autónoma de Santo Domingo, 1985, p. 47.

48

prevalecen en la República, podrían dar lugar a la intranquilidad y desórdenes.

b) Los que prediquen doctrinas y prácticas contrarias a la moral pública, tal como se entiende en todas las demás naciones civilizadas.

c) Los que sean tan hostiles al Gobierno de los Estados Unidos, su política y sus funcionarios, o critiquen de tal modo a estos, que inciten al pueblo a la intranquilidad, desorden o revueltas.

d) Los que en su tono sean tan hostiles o contrarios al Gobierno Militar, su política y sus funcionarios, o critiquen de tal manera que impulsen a las masas a la intranquilidad, desorden o revueltas.

e) Los que difamen, deshonren o ridiculicen la conducta del Gobierno de los Estados Unidos, del Gobierno Militar, o de sus funcionarios, de una manera tal que la publicación provoque desórdenes o revueltas en la República.

f) Los que señalen la condición actual de Santo Domingo en una forma manifiestamente injusta o mentirosa, y que pudiera provocar desórdenes entre las masas.

3. El derecho de reunión y el de uso libre de la palabra no deben ser contrarrestados sino cuando sea necesaria para conservar el orden.

4. Toda violación a lo prohibido anteriormente se entenderá como una ofensa contra el Gobierno Militar, y el que incurra en semejante falta será procesado y castigado. El autor de un discurso o artículo, el que lo publique, y toda persona que a sabiendas ayude o apoye su escritura, su pronunciamiento o publicación se considerará como un cómplice y será sometida a la pena correspondiente. Y esto se entenderá en el sentido de incluir a todo encargado o responsable de una revista, periódico, diario, u otra publicación en que aparezca el artículo, o que sea dueño del local en que se pronunció el discurso. Además del castigo ya

mencionado, y sin que éste se suspenda, se desconti-
nuará o prohibirá la publicación de cualquier revista,
diario, periódico u otra publicación en que aparezcan
artículos de los prohibidos por esta Orden, y los locales
en que se pronuncien discursos de los especificados en
esta Orden serán clausurados.

THOMAS SNOWDEN,
Contra-Almirante de la Armada
De los Estados Unidos.
Gobernador Militar de Santo Domingo

Santo Domingo, R. D.
Enero 15 de 1920.

El transaccionismo y el colaboracionismo

Hay que distinguir entre transaccionismo y colaboracionismo
de un gran número de sujetos de las distintas clases sociales con el
gobierno militar norteamericano.

El transaccionista es el político, empresario o intelectual que,
dada su posición de poder o de prestigio social dentro del sistema
social dominicano, puede negociar combinaciones o negocios para
beneficio propio, de tinte clientelistas o patrimonialistas con el
gobierno militar o con el gobierno norteamericano para benefi-
ciar a los Estados Unidos y perjudicar a su patria, la República
Dominicana.

Mientras que los colaboracionistas, casi siempre pertenecientes
a las distintas fracciones de la pequeña burguesía media y baja, o
clase media y baja para la sociología funcionalista, se convierten en
auxiliares benévolos, pagados o no, del invasor norteamericano. En
este renglón entran la cohorte de oportunistas, vividores, espías,
delatores, soplones, guías o prácticos del invasor para aniquilar a
los sujetos que se oponían y combatían con las armas en las manos
de los soldados norteamericanos a cambio de dinero o favores que
les ofrecían seguridad vital y bienes materiales para la reproducción
de la sobrevivencia. En este colaboracionismo entra en juego la

ausencia total de conciencia política y conciencia nacional, de las que habló Américo Lugo.

Esta carencia de conciencia hace víctimas de las ideologías locales e imperiales a esos sujetos colaboracionistas, las que apuntan al mantenimiento del orden social y político o estatus quo. Hay tipos de colaboradores conscientes y estos son los más peligrosos en una situación de guerra civil o invasión de una potencia extranjera, como fue el caso de la ocupación militar de nuestro país por los Estados Unidos en 1916 y 1965.

El razonamiento que acabo de plantear explica la delación de los dominicanos que condujeron al apresamiento y tortura a Cayo Báez[40] o al aniquilamiento individual de los más connotados líderes de la guerrilla patriótica en los campos del Este y del resto del interior de la república.

O colaboracionistas de cierta alcurnia o prestigio social como los abogados y notarios que legitimaron el despojo de las tierras del campesinado del Este para que pasaran, con tecnicismos legales, a manos de los ingenios azucareros de aquella región y, que en el caso del Central Romana., perdura hasta el día de hoy como ejemplo emblemático de aquella ocupación militar norteamericana. Todo el

---

40   Cayo Báez, dice Horacio Blanco Fombona al escribir en el presente cercano a los hechos, es «un campesino que goza en el burgo de Salcedo, lugar de su residencia, de una modesta posición económica y del aprecio de sus convecinos, por su carácter bondadoso y por su honorabilidad. Fue quemado en diferentes partes del cuerpo con machetes puestos al rojo en fogón improvisado, para que entregara un parque o dijera por dónde andaban los gavilleros. Efectuó la operación un bandido dominicano llamado Ramón Ulises Escoboza, por orden y sin presencia del capitán americano Bucklow. (...) el que cometió el crimen con sus manos, Ramón Ulises Escoboza, y la infeliz víctima Cayo Báez, en que estaba presente el capitán americano Buckow. (...) Cayo Báez fue dado por muerto y sus victimarios se alejaron del lugar de los acontecimientos (...) Escoboza y otros dos bandidos dominicanos, Telesforo Cabral y Ramón Antonio Modesto, utilizados y amparados por tres capitanes americanos que operaban en aquella región y que eran uno Bucklow, otro Knotchel y el tercero Wright, comparecieron, andando el tiempo, ante un tribunal dominicano, acusados de los delitos de concusión, cohecho y estafa.» En *Crímenes del imperialismo*. México: Churubusco, 1927, pp.117-118. Los jueces condenaron a los tres dominicanos, «pero la jurisdicción de los tribunales dominicanos no alcanza al Ejército de ocupación.» (*Ibíd.* p. 1199). Los tribunales dominicanos solo servían de complemento a las cortes prebostales del invasor yanqui. y para dar la razón a la decisión de los jueces americanos.

que no se alineó con la resistencia guerrillera y la tesis de la evacuación pura y simple, se convirtió *ipso facto* en un colaborador activo y silencioso o en auxiliar benévolo del gobierno de los Estados Unidos a través de su ejército de ocupación de nuestro país.

Explica también el colaboracionismo de sujetos de la pequeña burguesía alta como los que señala Marrero Aristy en su obra: «La lucha aunque infructuosa por la superioridad de armamento[41] de los invasores, parecía que iba a prolongarse cuando en La Vega el general Tilo Patiño, desde el balcón del Ayuntamiento invitó al pueblo a resistir la invasión norteamericana y, apoyado por la multitud, salió de allí hacia los cuarteles militares y tomó posesión de los mismos con unos 500 civiles. Pero la intervención de personas acaudaladas y de gran número de damas le hizo desistir y admitir la ocupación de la ciudad por el mayor Merry, un oficial que pronto se ganó el pueblo vegano por sus buenas maneras tanto como por la comprensión con que afrontó los difíciles problemas que se le presentaron, gobernando desde el primer día sin llevar pistola.» (Marrero, II, 369, col. 2).

O la asumida por los funcionarios nombrados a partir de la Orden Ejecutiva número 13 para sustituir en todo el país a los funcionarios del antiguo régimen que enfrentaron de manera radical o tibia la ocupación militar (dos casos emblemáticos: «Volney Tomás Boisrond como gobernador civil de Samaná, en sustitución de Fidel Ferrer, quien había abandonado el cargo, y la número 24 del 18 de enero de 1917, [que] nombró al señor Octavio Beras, antiguo diputado perteneciente y vinculado a las mejores familias del Seibo, como gobernador de esta provincia, en sustitución de Juan Esteban Ortiz.»

Y sigue Marrero Aristy su apunte sobre el colaboracionismo, con las siguientes palabras: «Pero esto no era más que el principio.» (Marrero, II, 381, col. 1). La Orden Ejecutiva número 25

---

41 Dice Jared Diamond que toda guerra la gana el ejército que tenga la superioridad de las armas, los gérmenes y el acero. En *Armas, gérmenes y acero*. Barcelona: De Bolsillo, 2006. Estudia como casos improbables que Moctezuma o Atahualpa conquistaran a España con sus poderosos ejércitos, pero jamás hubiese podido vencer a las fuerzas españolas y compara el caso inverso de Cortés y Pizarro, quienes si tenían una superioridad en armas, gérmenes y acero.

de la misma fecha, servía de vehículo a Knapp para declarar que el Gobierno militar tenía «especial interés en anunciar la formación de una Comisión de Educación» cuyo presidente había consentido en ser nada menos que el ex Presidente de la República y arzobispo de Santo Domingo, monseñor Adolfo Alejandro Nouel y cuyos otros miembros lo eran «los prominentes dominicanos» señores licenciados Pelegrín Castillo, Jacinto R. de Castro, [Manuel] Ubaldo Gómez, Manuel de Jesús Troncoso de la Concha, y los señores Federico Velázquez Hernández y Julio Ortega Frier, este último elegido como secretario de dicho organismo (Marrero, II, 381, col. 1).

El día 22 de ese mismo mes de enero, Knapp dio la orden ejecutiva número 26, cuyo texto anunciaba que «los bien conocidos dominicanos» Emilio Joubert, M[anuel] de J[esús] Lovelace y Federico Llaverías, habían «consentido patriótica y voluntariamente «en formar parte de una comisión presidida por el capitán L. H. Chandler, *U. S. Navy*, quien hacía las veces de secretario de Estado de Relaciones Exteriores, y con el *Paymaster* [o Tesorero] W. N. Hughes, *U. S. Navy*, como secretario.» (Marrero, II, 381, col. 1).

Actitud diametralmente opuesta a la posición asumida por Desiderio Arias, Horacio Vásquez, Federico Velázquez, Elías Brache, hijo, y otros transaccionistas como el general Teófilo Cordero y Bidó, joven hostosiano, desviado de la doctrina del maestro por su ambición y falta de conciencia nacional o por lo menos, la antítesis de la conducta asumida por los generales Apolinar Rey en Puerto Plata, Toño Jorge, Máximo Cabral en el Cibao y Chachá Goicochea en el Este.

Impacto en la música

Eduardo Brito grabó un merengue o tumba con el título de «El grupo de los veinte» o simplemente «Los veinte». El autor de las letras y la música fue Bienvenido –Chita– Troncoso, quien canta a dúo con Brito en la tercera estrofa donde dice «Por qué, por qué/ pero dígame por qué». Solo un verso de la segunda estrofa: «De que muy pronto serán rotas las cadenas» nos permite afirmar que la composición de Troncoso fue escrita y cantada durante la ocupación militar norteamericana de nuestro país, posiblemente entre 1922 y 1923, en el período de gobierno de Vicini Burgos, donde se atenuó un poco la censura, pero no grabada, aunque difundida quizá en fiestas nacionalistas privadas, pues de lo contrario, se corría el riesgo, a causa de la absoluta ley de censura impuesta por el Gobierno Militar, de ser condenado a prisión y multa o a barrer las calles con el uniforme cebrado que se les ponía a los presos políticos.

Las primeras grabaciones de discos de cantantes dominicanos se hicieron en los estudios de la RCA Víctor, de Nueva York, en 1929, con la voz de Eduardo Brito acompañado por El Grupo Dominicano, si bien el propio Brito grabó unos cuatro discos, incluidos dos merengues («La rigola», de Ñico Lora y «Anoche soñé», de Julio Alberto Hernández), en el estudio de HIX de Santo Domingo, con un equipo de la Víctor, traído de la Ciudad de los Rascacielos, pero no circularon debido a defectos técnicos, según lo afirma Arístides Incháustegui[42].

Existe otro merengue de Ñico Lora, según me comunicó María Filomena González Canalda, cuyo título es «Los americanos», pero cabe hacerse la misma pregunta para el caso de la pieza de Brito.

Por de pronto, copio las letras del merengue, rumba o tumba titulado «Los veinte» a fin de que se constate la política del sentido orientada al rechazo de la ocupación militar yanqui de nuestro país, pues la misma nos cercena nuestra libertad y se apropia de nuestra economía. Estas son las letras de «Los veinte», de Bienvenido – Chita– Troncoso:

Ya está formado el grupo de los veinte
Con espíritu, valor, serenidad
Para combatir a esos colosos
Que oscurecen el camino de la felicidad.
(bis tres veces)

---

42 En *Por amor al arte*, ya citado, pp. 317-18.

Aunque pesan nuestras manos laboriosas,
Cantemos, bailemos, con la mayor seguridad
De que muy pronto serán rotas las cadenas
Que nos aprisionan, quitándonos la libertad
Que nos aprisionan, quitándonos la libertad.
(bis tres veces)

Aunque pesan nuestras manos laboriosas,
Cantemos, bailemos, con la mayor seguri8dad
De que muy pronto serán rotas las cadenas
Que nos aprisionan y nos quitan la libertad.
Gústeles o no les guste a esos tiranos,
No queremos verlos más aquí.

Por qué, por qué, por qué,
Pero dígame por qué, por qué.
Le diré y le diré, le diré y le diré
Porque acaban las riquezas
Que pueda producir el país.

La ley de censura previa a todo discurso escrito o verbal castró toda iniciativa creativa de nuestros músicos en contra del usurpador extranjero, debido al terror que inspiró la referida legislación ilegal del poderoso usurpador en el seno de la comunidad intelectual criolla.

Sin embargo, salvo error u omisión de mi parte, no encontré ninguna mención o alusión al rechazo de los músicos dominicanos al invasor yanqui en las obras de Bernarda Jorge sobre nuestra música popular y culta de los siglos XIX y XX, pero sí hallé en los títulos de las composiciones de algunos autores un sentido político y crítico orientado al rechazo del invasor yanqui. Por ejemplo, en el capítulo titulado «Creación (1900-1940) de *La música dominicana de los siglos XIX-XX*[43], donde encajaría el estudio del tema acerca del impacto de la ocupación militar yanqui (pp. 185-193),

43   Santo Domingo: Editora del Ministerio de Cultura, 2011. La 1ª ed. es de 1982 en la Editora de la Universidad Autónoma de Santo Domingo.

hay un vacío no llenado por la musicóloga Jorge, pero a partir del capítulo «Cronología, relación y catálogo de obras de compositores dominicanos (Detalle parcial)», sí aparecen referencias concretas de la crítica al usurpador yanqui.

Por ejemplo, en la primera aparece, de la autoría de José María Arredondo (1840-1924), lo siguiente, correspondiente al año 1916: «Música de noche buena (*sic*). Himno dominicano (improvisado el día en que se decía que los americanos se cogerían a Santo Domingo) y 'La tragedia del *Memphis* o la mano de Dios'.», donde aparece primero con la coronación de la Virgen de la Altagracia, la ideología del mito de la intervención de la divinidad en los sucesos humanos, vista ya más atrás (Obra citada, p. 283). Tal día debió ser el 29 de noviembre de 1916, fecha en que el capitán Knapp lanzó su proclama de ocupación militar, pero la Nochebuena es el 24 de diciembre.

Es posible que ese himno improvisado se cantara en el ámbito privado de los hogares a partir de la fecha de ocupación hasta la Navidad. Pero ya antes, el compositor, que llegaba a edad de 75 años en 1915, compuso varias piezas que al leer su título remiten solamente a lo que sucedía en el forcejeo entre desideristas, jimenistas y yanquis: «'La nota desafinada tiene a Quisqueya azorada, danza', 'Cananas dominicanas, danza', 'Patristas del nuevo año, vals', 'Mercaderes de la paria', 'Los judas criollos', vals, 'Viva la patria', pasodoble, y 'Para los yanquis, los yankófilos, paso doble.» (p. 283). Estos dos últimos títulos aluden a la ideología hispanista que los nacionalistas invocaron ante la ocupación militar yanqui. Pese a que la sociedad dominicana era, desde el siglo XVII, mayoritariamente mulata y negra, las élites de mentalidad oligárquicas del país prefirieron siempre la ideología hispánica o indianista de unos indios extinguidos para siempre desde 1550, antes que reconocer los aportes de los negros y mulatos a la independencia de 1844, la guerra restauradora y la lucha armada en contra del invasor yanqui en 1916 y 1965.

Me extraña que Jorge, una investigadora tan experimentada y cuyas posiciones ideológicas son bien conocidas y, a quien admiro por su lucha como dirigente de Federación de Mujeres Dominicanas desde su fundación, no le haya dedicado un capítulo a la música popular y culta (si esta última existió) en contra de la intervención yanqui, tal como le consagró una crítica a la ideología política del nacionalismo musical en la Era de Trujillo[44].

Y faltando poco para su muerte, Arredondo tiene otras piezas que van por el mismo estilo: «'Impuesto territorial', de 1919, 'La quisqueyanita, danza', de 1920, 'Misa la patria libre' y 'Mi pobre patria', ambas de 1921 y, por supuesto, va contra el invasor yanqui el uso instrumental de la coronación de la Virgen de Altagracia en 1922, cuyos efectos políticos e ideológicos situé, *supra*, en esta composición de Arredondo: 'Misa la Criolla', e 'Himno a la Altagracia', de 1921 también.» (p. 284).

Existen otros músicos cuyos títulos sugieren el rechazo de la ocupación militar yanqui. Por ejemplo, José de Jesús Ravelo (1876-1951) y su composición de 1916 «El patriotismo y la escuela, colección de cantos escolares» ((Jorge, obra citada, p. 288) con letras de Ramón Emilio Jiménez. Y más elocuente no puede ser su pieza musical «12 de julio», de 1924, día de la evacuación del ejército invasor. Habrá que examinar si «Sinfonía bárbara» (1922-23) de Esteban Peña Morell (1897-1947) entra en esta semiótica anti yanqui y talvez la ideología del nacionalismo pudiera explicar la introducción de la criolla en 1919 en el repertorio bailable del maestro José Dolores Cerón (1897-1969) o el merengue «El tiroteo», también de 1919, de Rafael Ignacio (1897-1984), que pudiera aludir a la situación imperante en aquella fecha, aunque no necesariamente, o que tratara de algún episodio pintoresco de los sectores populares. Verbigracia, el asesinato por soldados yanquis del general Ramón Batista en Villa Duarte

Es extraño que Juan Francisco García (1892-1974), uno de los tres que afianzaron el merengue desde 1920 en los salones de baile, junto con Julio Alberto Hernández y Luis Alberti, compusiera tan poco, si es que el «Himno a la bandera» pudiera considerarse como protesta ante la intervención militar americana, si bien Jorge lo sitúa en 1917, pero como las letras son, al mismo título que los cuatro cantos escolares, de Ramón Emilio Jiménez (1866-1970),

---

44 Véase el desarrollo de ese tema en Bernarda Jorge. *Caracterización del modernismo en la música dominicana: 1940-1945*. Santo Domingo: Ministerio de Cultura, 2010.

santiaguero, se sabe que este poeta perteneció al grupo de intelectuales que no estuvo de acuerdo con la ocupación yanqui.

Recuérdese el rol de García en el desarrollo y consolidación del merengue, cuyo auge, según Jorge (p. 186, obra citada) tuvo lugar a partir de 1922 y, sobre todo, con «los primeros discos» grabados de música dominicana, de los cuales Eduardo Brito, como ya se vio *supra*, grabó en Nueva York unos «diez merengues», lo que contribuyó a su creciente popularidad.

Y, por último, dentro de los que nacieron y vivieron, jóvenes o adultos, la época de la intervención militar norteamericana, está Enrique Mejía Arredondo (1901-1955), quien, según Jorge (Obra citada, p. 315), con su pequeña orquesta «musicalizaba películas mudas en los teatros Independencia, Colón y Capitolio de la ciudad capital (... y era pianista acompañante de compañías líricas extranjeras, pero esto lo veré en el acápite sobre el cine americano y europeo y su impacto en el cine dominicano.

Impacto en la literatura: novela

El impacto cultural de la intervención militar norteamericana en la literatura fue similar al producido por la ley que estableció en 1916 la censura previa de cualquier discurso oral o escrito que criticara la actuación del gobierno militar norteamericano (incluida en la Gaceta Oficial n.º 2758). Nadie podía publicar ninguna obra literaria o de información ideológica que criticara al gobierno militar norteamericano. La crítica quedó confinada a lo particular privado. Esto explica que la publicación de obras que criticaban las actuaciones de dicho gobierno militar o al gobierno de los Estados Unidos se imprimieran después de la evacuación de las tropas invasoras el 12 de julio de 1924.

Cuando se la lee todavía hoy, la novela más importante e impactante para su época, publicada a menos de un año, o talvez menos, de la desocupación de las tropas invasoras de nuestro país, nos sacude, emociona y asombra este texto de Rafael Damirón titulado ¡Ay de los vencidos![45]

---

45 Santo Domingo: Montalvo, 1925. Abrevio así: *Ay de los...*, seguido del número de la página.

Sacude porque este primer manifiesto anti yanqui que comenzó a ser escrito aproximadamente en 1921 es el primer texto literario, paseado como un ejemplo por el camino de la ocupación militar norteamericana, que nos muestra las atrocidades y horrores cometidos por los soldados de los Estados Unidos en contra de los sujetos dominicanos.

Hombres, mujeres, niños, niñas, ancianos y hasta en contra de las bestias acribilladas por las balas de los invasores a todo lo largo y lo ancho del país, constituyen en la ficción damironiana un muestrario de la infamia, la traición y el crimen justificado por uno de los gobernadores militares cuyo lema era que «prefería matar a un dominicano ante la sospecha de ser engañado».

Pero sobre todo en la región Este, por ser la única del país que le plantó cara y, convertida en resistencia campesina guerrillera, resistió durante cinco años al usurpador yanqui, en cuyos montes morirá el personaje central de la obra, el poeta-guerrillero Leonardo Silva[46], víctima de la única forma en que los yanquis sabían matar, y saben hacerlo todavía hoy donde intervienen militarmente, a través del cebo de una promesa de libertad o un empleo que el ingenuo guerrillero y el político sin conciencia política ni conciencia nacional, sin estrategia, la aceptaba por pura confianza en la palabra empeñada, sin saber que en la confianza reside el peligro.

Y es, también, ¡*Ay de los vencidos!*, un muestrario de las indignidades de una cáfila de dominicanos que se prestaron jubilosos a colaborar eficazmente a través del espionaje, el periodismo, la entrega de las madres y las hijas a la lascivia de los invasores en bailes y recepciones en el Country Club, en los barcos de guerra del usurpador, en playas y residencias privadas o a través de un empleo que le permitiera al entreguista ascender, desde la pobreza, en la escala social que medía, y mide hoy, el valor de los sujetos por la cantidad de riquezas que poseen. Ese tipo de personaje está

---

46   Aunque es una ficción cuyos personajes, dotados a veces de nombres históricos reales pero subordinados a la lógica de esa misma ficción, en su libro *Hato Mayor del Rey, su sitial en la historia dominicana.* Santo Domingo: Taller, 1993, el autor Manuel Antonio Sosa Jiménez se auto engaña al aceptar como históricos a los personajes de Leonardo y Carmen Silva, hermanos, y a Carmen Sarmiento, Charles Miller y John Edwards, protagonistas de ¡Ay de los vencidos! (Véase pp. 395 del capítulo «Patriotas de la segunda Restauración».

simbolizado por Silvia Sarmiento Y ocurrió lo mismo durante la ocupación militar yanqui de nuestro país en 1965.

La novela de Damirón es también un muestrario de la incorporación de núcleos de los sectores de los intelectuales, femeninos, profesionales, campesinos y obreros más comprometidos con el ideal de independencia de Duarte y los restauradores de 1863-65.

En la obra, el narrador recurre a veces a la cronología histórica de la lucha de los nacionalistas encabezados por Américo, Lugo, Fabio Fiallo, Francisco Henríquez y Carvajal y Luis C. del Castillo, fundidos en el personaje de Leonardo Silva, pero como en la realidad misma, la ficción sigue, con la muerte simbólica del protagonista Silva, el curso de lo sucedido con los transaccionistas del plan Hughes-Peynado e, incluso, inicialmente, con el rechazo al plan Harding.

La novela de Damirón es un fresco de esos ocho años de oprobio, simbolizados por las viñetas que encabezan los capítulos, que terminaron con el fracaso de la tercera República y el triunfo de los caudillos y caciques que hicieron mutis por el foro frente a la ocupación militar norteamericana en espera de la soñada oportunidad de atrapar de nuevo el poder sin haber hecho esfuerzo alguno, y a costa de la lucha de los nacionalistas que abogaron siempre por la evacuación pura y simple, el no reconocimiento de la legislación del usurpador y el rechazo al nombramiento del Receptor de Adunas norteamericano, condiciones que sin embargo aceptaron los colaboracionistas Juan Vicini Burgos y Horacio Vásquez, hasta que Trujillo, un *marine* yanqui, les clausuró el proyecto de bolos y coludos ante la crisis internacional que se abatió sobre el planeta a raíz del *crack* de la Bolsa de Valores de Nueva York en 1929. Pero aquella clase de primera que detentaba el poder desde 1844, basada en el prestigio social y un poco de dinero, copió la experiencia de Horacio Vásquez y Desiderio Arias y esperó su turno para resurgir triunfante, convertida hoy en frente oligárquico, aliado incondicional del poder económico y político de los Estados Unidos.

Para Damirón, su obra no es una historia, sino un fragmento «de a tenebrosa ocupación americana» (*Ay de los...*, XIV) y «un grito de alerta ante la conciencia de las masas, acaso encenagadas de manera lastimosa en una lucha torpe que podría poner en peligro la reputación que conquistara para la patria el esfuerzo de un pequeño núcleo de hombres inteligentes y convencidos» (*Ibíd.*, XIV). O, dicho de otro modo, el autor recela del «choque de los intereses políticos que tanto han preocupado a nuestros hombres», y que «el dolor del pasado quiere como esfumarse de nuestros recuerdos», o quieren esfumarlo esos intereses. No es tampoco el libro, «una historia», sino «sencillamente, una especie de novela cuyos personajes pudieran vivir dentro de ese otro libro que la historia tendrá que recoger en sus páginas de sangre y de amor, para inmortalizar el sesgado vuelo de esa águila rampante que se cierne sobre la vida de los débiles pueblos de la América Latina.»» (*Ibíd.*, XIV).

Pero ese grito de alerta no lo escuchó nadie en nuestro país. Esos «intereses políticos» negociaron el Poder y sus instancias con el invasor y en su afán de perpetuar el personalismo de los caudillos y caciques que se agazaparon en la sombra de la inacción frente al usurpador, recibieron el golpe de gracia a su ambición cuando otro caudillo más personalista que todos ellos juntos, les plantó el 23 de febrero de 1923 una dictadura de 31 años y clausuró el proyecto comenzado por los *marines* el 29 de noviembre de 1916 con el desarme general y la censura total.

El país vivió esa misma situación con la ascensión de Trujillo al poder el 16 de agosto 1930, seis años después de la salida de sus jefes y curiosamente su discípulo, Joaquín Balaguer, se hizo cargo del relevo trujillista en julio de 1966, es decir, a los cinco años de la evacuación de las tropas yanquis que intervinieron por segunda vez en el país en 1965 al cumplirse el nefasto vaticinio del novelista Damirón, quien, junto con la intelectualidad del viejo proyecto de bolos y coludos, cerró filas con aquella dictadura más sangrienta que los ocho años de la tiranía de los usurpadores yanquis. Pero se sabe que aquellas dictaduras del pasado y estas democracias huecas del presente destruyen el país gracias a la falta de conciencia política y de conciencia nacional del pueblo dominicano.

La novela de Damirón es un quiasmo, o sea el cruce de relaciones políticas y culturales antagónicas entre, por un lado, Carmen Silva y el Teniente Charles Miller, novios desde 1906, pero diez años después el bostoniano Miller llega al país con las tropas invasoras y busca desesperadamente reanudar su relación amorosa con la joven, pero esta rehúsa todo contacto con él, debido a la posición radical de su familia a la ocupación yanqui. Tanto Carmen Silva como el Teniente Miller simbolizan a su respectivo país y, de igual modo, el fracaso, mediante la figura de la imposibilidad matrimonial, de amalgamar las partes buenas de los Estados Unidos y la República Dominicana; y, por el otro, el triunfo de la confluencia de las dos partes malvadas de ambos países, simbolizadas también por la imposibilidad de matrimoniar a la amante transaccionista Silvia Sarmiento con el Capitán John Edwards, el asesino del poeta-guerrillero Leonardo Silva, hermano de Carmen, y finalmente, que dicha relación quiásmica entre los personajes es la trivialización del mal, como lo teorizara Hannah Arendt[47]. Ante la traición del gobierno militar de usarle como cebo para asesinar a Leonardo Silva, Miller se suicida, confirmando así la imposibilidad simbólica de las relaciones entre los dos países mientras subsista la ocupación militar.

¡Ay de los vencidos! es la continuidad de las piezas teatrales escritas y representadas en 1916 antes de la ley de censura: *Una fiesta en el Castine* y *Los yanquis en Santo Domingo*, escritas por Damirón en colaboración con Arturo Logroño la primera y, de la propia autoría de Damirón la segunda. Aunque no hay sentido de la historia, cada vez que la República colapsa, todas las clases populares, los intelectuales y el frente oligárquico entran en pánico y se aferran al primer demagogo totalitario que aparezca y sustituya a esas clases sociales.

Las clases media y baja se contentan son gobiernos conservadores: las élites confían, si se ven peligro, en que los Estados Unidos intervendrán militarmente para salvarlas. Esta es la repetición de la historia de las intervenciones militares norteamericanas en nuestro país y los gobiernos que ellas engendraron como solución.

La obra de Damirón es la mirada honda y crítica a la ocupación militar norteamericana de 1916-24 vista por la subjetividad de los dominicanos, mientras que *Los civilizadores*, de Horacio Read, es también la mirada, también crítica pero más superficial de aquella primera ocupación militar, vista, principalmente, por un personaje

---

47 *Eichmann en Jerusalén. Un informe sobre la banalización del mal.* Barcelona: Lumen, 1999, 368p. (1ª ed. alemana,1986).

extranjero: Harry Evans, «pintor por afición y escritor por hastío» (*LC*, 413).

Al ver la luz pública antes que *¡Ay de los vencidos!*, Damirón integra casi con seguridad, elementos de la novela de Read a la suya, como es el caso de la joven transaccionista anónima, contraparte de Silvia Sarmiento: «–¿A quién has saludado así?, le pregunta Harry a Roberto Campson: «–Es una muchacha ridícula que le gustan los militares, pero que se prodiga demasiado; no hay invitación que no acepte, aunque Ud. no haya cumplido las dos anteriores. Está aislada de la sociedad por haberse hecho amiga de nosotros, sus compatriotas ni siquiera la saludan.» (*LC*, 426). Había padres que llevaban a las hijas a los bailes de los yanquis a ver con quién se liaban, pues de ahí podía salir un buen matrimonio, costumbre abyecta que pasó de los militares de la ocupación como reproducción de esa conducta censurable de muchos padres dominicanos que ofrecieron esposas e hijas a Trujillo, señor casi feudal con derecho de pernada, a cambio de empleos públicos y bienes materiales.

A la pregunta de Harry, ¿no hay dominicanos en el baile?, Campson le contesta: «–Sí, hace poco entró un señor con dos hijas, una es enemiga acérrima de los *yankees* y otra que los adora. Pero él es estúpido o algo menos y por halagarlos para no perder su empleo, las lleva a los bailes de los soldados, aunque ellas no quieren y las obliga a bailar con ellos por temor de ofenderlos, Pero son contadas las que se han hecho amigas de nosotros, la mayoría nos odia, y las mujeres que se estiman nos miran con desprecio, nos han puesto en una situación lamentable. (*LC*, 446)

La segunda novela más importante del período de la ocupación, como era de suponerse, no se publicó en Santo Domingo, sino que *Los civilizadores*[48], una crítica mordaz en contra del usurpador yan-

---

48   Santo Domingo: Imprenta Altagracia, 1924. Publicada por segunda vez en 1962 en *El Paladión: de la Ocupación Militar Norteamericana a la dictadura de Trujillo, t. II.* (Comp. Alejandro Paulino Ramos. Santo Domingo: Archivo General de la Nación, 2010, pp. 367-481. Abrevio así: LC, seguido del número de la página. También puede consultarse con provecho, del mismo Paulino Ramos, su texto publicado en Acento.com con el título «Cambios culturales provocados por la ocupación americana en 1916», 20 de agosto de 2016 a las 4h00. Se trata de su conferencia dictada en Centro Cultural Banreservas el 10 de agosto de 2016. En este texto el autor aborda el cambio cultural a escala de las revistas domi-

qui, fue escrita y terminada entre Cuba y Santo Domingo en 1921-24, por su autor, Horacio Read, exiliado en La Habana, y publicada luego de la evacuación de las tropas yanquis el 12 de julio de 1924.

A lo largo de la obra de Read, el personaje-narrador orienta el sentido de la crítica del discurso en contra del invasor yanqui a través de un personaje extranjero, el inglés Harry Evans, quien se lucra gracias a un contrato monopólico de distribución del arroz en todo el territorio dominicano (p. 413) y, sin extrañeza, al final de la novela adopta la decisión de abandonar el país se irse a Nueva York, junto a su amante Betty Marix (*LC*, 476-481) y por la figura del quiasmo, la otra pareja amiga de Harry y Betty, es decir, el yanqui Roberto Campson, encargado de la Secretaría de Hacienda, también se larga para Nueva York junto a su amante Rubby Hoffman, luego de que le cancelaran del ejército de ocupación a causa de un fraude de más de 200 mil pesos, según le confesó Rubby a Harry, pero con suficiente dinero ahorrado para comenzar, ambos, una nueva vida en Nueva York como pareja de baile, pues ese era su oficio profesional antes de que se encontraran en el turbión de Santo Domingo (*LC*, 480).

---

nicanos que publicaban portadas y fotos provocativas de mujeres sin escotes y casi desnudas, las costumbres, el impacto en el medio ambiente (mutilación de la ceiba de Colón la creación de clubes masculinos exclusivos para los soldados invasores, la introducción de los picnic que modificaron la antigua costumbre de las giras campestres y playeras, la creación del Santo Domingo Country Club en 1920, que todavía, aunque dominicanizado, conserva su nombre en la actualidad, y donde compartieron los invasores con la clase social perteneciente a la incipiente burguesía que se entregó sin pudor a ellos, como lo atestigua el *Libro Azul* y otras publicaciones que muestran a los dominicanos confraternizando con el usurpador (verbigracia en la foto de la p. 310 del libro de Edwin Espinal, *Historia social de Santiago de los Caballeros,* ya citado, donde aparecen los munícipes Luis Bogaert, José María Benedicto, Mario Fermín Cabral, Agustín Malagón, hijo, y Carlos Sully Bonnelly junto a oficiales invasores), la introducción de la figura de Santa Claus en la cultura dominicana, así como la del son cubano propiciado por cubanos que vivieron la ocupación y el deporte del cricket. Este Bogaert estaba en buenos términos con el General invasor Pendleton, obra ya citada, p.116, y en carta de felicitación por el éxito de un boletín de noticias del 4° Regimiento destacado en Santiago y del cual el Coronel Dion Williams es el Comandante, al aludir al colaborador entusiasta de la ocupación militar dice que «está de acuerdo con él en que la ocupación militar de los *marines* ha sido genuinamente popular y como Louis Bogaert acostumbra a decir 'cada hombre que tenga en este país dos vacas es su amigo'.»

¿Por qué deciden irse a Nueva York Harry Evans y Ruby Hoffman? Pienso que a una ideología decimonónica similar a la que se esparció en Europa con el romanticismo, el gusto por las aventuras en países lejanos y exóticos y también a uno de los postulados de aquel movimiento literario y político: el amor a la libertad y luchar por ella donde no la haya, un residuo de la Revolución francesa. Veamos las motivaciones del viaje que el narrador-personaje profiere en boca de Harry al dirigirse a su amante, a quien vuelve empático con el pueblo dominicano: «—¿Sabes lo que pasó ayer? —Sí, Harry, no me lo recuerdes. He pasado el susto más grande de mi vida. Pensé que los que se iban al monte acabarían con todos los extranjeros de esta región, pero afortunadamente me equivoqué, son gente buena, no han hecho daño a nadie; los desmanes han sido cometidos por los soldados, en represalia. —En vista de eso, Betty, creo que no debemos seguir viviendo aquí; nuestro carácter no es para estar presenciando crueldades e injusticias semejantes, además, creo que en día no lejano el pueblo no soportará más y habrá un espectáculo terrible en el cual peligraríamos tú y yo, a pesar de que no somos americanos y sentimos simpatías por este país. —¿Quieres decir que te vas? —Me voy, sí; pero con una condición: que tú te vayas conmigo.» (*LC*, 477)

En el teatro

Según José Molinaza, quienes mejor han trabajado en el pasado el auge y las vicisitudes del teatro dominicano fueron Américo Cruzado, Jaime Lockward, Pedro René Contín Aybar, Manuel de Jesús Goico Castro, Marcio Veloz Maggiolo y Ramón Emilio Reyes[49].

Con respecto al impacto de la ocupación militar yanqui en la actividad teatral en el país, Molinaza es, hasta ahora, quien más detenidamente ha investigado sobre este género literario, con la publicación de sus tres volúmenes sobre el tema[50]. De toda esta

---

49   De Cruzado, *Teatro en Santo Domingo (1905-1929*. Ciudad Trujillo: Montalvo, 1952 (abreviado así Cruzado, seguido de la página).

50   Cfr. *Historia crítica del teatro dominicano, t. I (1492-1844)*. Santo Domingo: Editora Universitaria de la UASD, 1984, 404p.; *Historia del teatro dominicano.*

extensa bibliografía me interesa solamente la que se refiere a los efectos que sobre el teatro tuvo la ocupación militar norteamericana.

¿Cuál fue la situación del teatro al inicio de la ocupación yanqui? El teatro de variedades como espectáculo de masas tenía, según Molinaza, un doble propósito, a través de la presentación de espectáculos montados por las compañías extranjeras, sobradamente las españolas, pero también mexicanas y cubanas, funciones en las que se representaron óperas, dramas, operetas, zarzuelas, bufos, mimos cubanos, títeres, muñecos actores, sainetes, actos de variedades como los aires del folclor mexicano (los charros, los mariachis, corridos, rancheras, jarabes tapatíos y demás bailes típicos mexicanos. (Cruzado, 83).

¿Cuál era esa doble finalidad?: «Anteriormente habíamos hablado de la importancia de mantener estos espectáculos porque se condicionaba al público o a una parte importante de la clase dominante y de la clase media a través de los mismos. Es decir, el teatro pasa a cumplir una función de mediatización política, de condicionamiento para ayudar a mantener el orden de cosas.» (Molinaza II, 68).

Y no solamente tenía esta finalidad antes de la ocupación, durante esta y después de la desocupación: «Los norteamericanos comprendieron esta situación y continuaron permitiendo que llegaran estos artistas trotamundos, y no solo lo permitieron, lo

---

Santo Domingo, t. II (1844-1930). Editora Universitaria de la UASD, 1994, 647p.; *Historia del teatro dominicano, t. III*. Santo Domingo: Editora Universitaria de la UASD, 1998, 433p.; y, *Breve historia del teatro. Santo Domingo*: Alfa y Omega, 1997. Abrevio estas obras así: Molinaza I, II, III, seguido de la página y Molinaza 1997, seguido de la página. El propio Molinaza confirma (II, 106, 107,109) la escasa bibliografía escrita por dominicanos acerca del teatro en Santo Domingo: Pedo René Contín Aybar, en «Los viejos teatros capitaleños», *La Nación* (1945: 5); Jacinto Silvestre (seudónimo de Juan Salvador Durán, «Mientras los otros ríen». *Listín Diario*, 22-11-1917); Manuel de Jesús Goico Castro, «Raíz y trayectoria del teatro en la literatura nacional. *Anales de la Universidad de Santo Domingo* 37-38 (1946:162); Jaime Lockward, «Peculiaridades del teatro en Santo Domingo». *Revista de Educación*, año XXXIII, 8 (19XX: 69); Veloz Maggiolo en *Cultura, teatro y relatos en Santo Domingo*. Santiago: Universidad Católica Madre y Maestra, 1972, pp. 181-189; y Ramón Emilio Reyes, «El tema universal y la libertad en el teatro dominicano actual», en *Aula*, año I, 1 UPHU (1972: 61).

auparon, porque sabían que con su presencia lograban por lo menos contener los ímpetus de la población; no había otro medio de diversión. Si no, ¿cómo se explica el auge durante el año 1916 y siguientes de esas compañías» [de variedades] (Molinaza II, 68). Y, finalmente, el autor entiende que «este teatro importado, sirvió además para contrarrestar las presentaciones que de seguro se hacía a nivel popular y en forma muchas veces clandestina. Sirvió además para opacar las obras de autores criollos como Rafael Damirón y Delia M. Quezada, quienes criticaron abiertamente a través de sus piezas la presencia del enemigo.» (Molinaza II, 68).

Pero no es el teatro de variedades como espectáculo frívolo lo que me interesa realzar, sino el teatro escrito que posee valor artístico y representado en un escenario o, si no lo tiene, al menos que contenga las estructuras básicas del género como sistema.

Por eso no me detendré en las memorias de Américo Cruzado, catalogadas y descritas en su obra ya citada, *El teatro en Santo Domingo*, puesto que el límite de este libro es únicamente el teatro de variedades, importante hasta 1930, año cuando fue desplazado definitivamente por el cine, aunque dicho espectáculo despertó inquietudes en una juventud intelectual que surgió al calor de la oposición a la ocupación militar yanqui y fundó el Cuadro Lírico. Y hubiese tenido aquella falange de jóvenes un derrotero diferente si a dicha ocupación no le hubiese seguido la implantación de la dictadura totalitaria de Trujillo. Pero se sabe de sobra lo que sucedió con el Teatro Escuela de Arte Nacional y el Cuadro Experimental «María Martínez de Trujillo» en aquella dictadura totalitaria[51].

Dice el autor lo siguiente: «Fue a comienzos de él (*sic*) [del año 1915, DC) cuando algunos jóvenes formamos un grupo para poner en escena obras nacionales y extranjeras. Llamamos a nuestro grupo Cuadro Lírico, y fue José Narciso Solá, actor y autor de varias de las obrillas que llevamos al escenario con éxito, nuestro primer director. Formábamos parte de ese Cuadro Lírico

---

51   Molinaza, en *Historia del teatro dominicano* III, 129-199, traza el destino de estas dos entidades que debieron ser las herederas del Cuadro Lírico, así como lo sucedido con el teatro en general durante la Era de Trujillo.

además de Solá, Raudo Saldaña[52], Emilio Julio Neco, Ismael López, Osvaldo Martínez, Braulio Lustrino, el genial Vitelio Morillo y yo. Generalmente presentábamos dos orbitas, y entre una y otra, un acto de variedades en el que aparecíamos como cantantes Antonio Mesa, Raudo Saldaña y yo, y como pianista acompañante, Enrique García.» (Cruzado, 63).

No incluyó Cruzado a Altagracia (Tatica) Bobadilla, quizá por olvido o porque se integró más tarde, dada la dificultad, debido a la moral de la época, de reclutar muchachas para actividades de canto y teatro. Figura integrada al grupo por Arístides Incháustegui[53].

Y esa ausencia de lo política es lo que se echa de ver en las descripciones de la obra de Cruzado, salpicada en sus 88 páginas de una asepsia rayana en la borradura de lo político en un espectáculo ideológico como son las obras de los géneros grande y chico concebidos por el autor como si fueran una práctica extraterrestre, ingenua y angelical cuyo único objetivo era divertir, entretener y hacer reír, aunque el aficionado, aunque no se auto percibe como periodista ni escritor, y mucho menos como crítico, ha sido forzado por las circunstancias históricas a mencionar por lo menos unas cinco veces el tema político que se colaba en medio de la barahúnda y el furor que despertaban estos espectáculos de variedades en los teatros de la época: La Republicana, Independencia, Apolo, Capitolio, Colón y, ya tardíamente, el Rialto.

Por lo menos Cruzado menciona las consecuencias que produjo la Primera Guerra Mundial de 1914 a 1918 al reducir considera-

---

52   Nacido en 1892, falleció en 1918 a causa de la temible influenza o gripe española que asoló el planeta. Fue autor de la hermosa canción «Lulú», cantada y grabada por Antonio Mesa (1895-1949) y que puede escucharse en el CD n.º 2 corte 13 producido por el Archivo General de la Nación. Sobre Saldaña, Arístides Incháustegui trae un emotivo juicio de Arturo Logroño (obra *infra*, p. 252: «Raudo Saldaña ha muerto (…) La guitarra de Saldaña no sollozará más en la alta noche (…) y la voz de Mesa, embrujada por la tiranía de la cuerda, huérfana ya de aquel gran segundo que hacía Raudo, será ahora quejumbre adolorida bajo la plateada piedad de las estrellas.» Así se escribía, todavía en libertad para aquella época, antes de que Trujillo clausurara el proyecto político de bolos y coludos.

53   En *Por amor al arte. Notas sobre música, compositores e intérpretes dominicanos*. Santo Domingo: Secretaría de Estado de Educación y Bellas Artes, 1995, p. 252. Abreviado así: *Por amor al*, seguido de la página.

blemente el número de compañías de variedades que llegaron en ese interregno a Santo Domingo (p. 62); también menciona la crisis política entre el presidente Juan Isidro Jimenes y su Ministro de Defensa, Desiderio Arias, la que, como se vio *supra,* fue un pretexto más que le sirvió al Departamento de Estado para acelerar la ocupación militar de nuestro país y penetrar a la Capital con centenas de soldados amparados, falsamente, en la propaganda de que intervenían para apoyar al Presidente constitucional, y el autor añade: «Continuando nuestras actividades artísticas, poco más o menos entre Junio y Julio, presentamos las obras originales de Solá: *El Intruso, No más Yes, Un Matrimonio a lo Yanqui,* todas relativas a la intervención americana, y en las que hacía galas de sus dotes de artista, divirtiendo al público con sus oportunas ocurrencias, el excelente 'negrito' Vitelio Morillo, único en su género en nuestra República.» (Cruzado, pp. 67-68).

Y, por último, una mención política de lo ocurrido durante la presentación del espectáculo de variedades de la Compañía Española de Comedias y Dramas de PRUDENCIA GRIFELL, suceso ocurrido a principio de 1924, narrado por el autor, quien vino especialmente desde el interior a ver la velada (no dice por qué viajó al interior, ni cuándo ni a qué ciudad y por cuales motivos (¿talvez en campaña política?: «Prudencia Grifell, a quien con frecuencia vemos en películas mejicanas haciendo papeles de característica, recitó la noche del debut la poesía del notable poeta español Francisco Villaespesa 'Saludo a Santo Domingo', la que él había hecho en ocasión de su visita a nuestra tierra.» (Cruzado, 82).

Aunque no narra el memorialista el efecto que causó en el público esa recitación, habrá que suponer que se produjeron aplausos atronadores. La compañía de variedades pasa a simbolizar a España y su apoyo a la antigua colonia intervenida militarmente por el usurpador americano, doble motivo de esa airada protesta de Grifell, puesto que apenas hacía 26 años que los Estados Unidos se habían apoderado de las Filipinas, posesiones españolas desde la infancia de Felipe II (bautizadas con su nombre por Juan de Salcedo) y esa herida todavía estaba abierta.

Y para concluir junto con el memorialista, cito de la última página de su obra, la descripción del réquiem de los espectáculos de variedades de las compañías extranjeras que llegaron a Santo Domingo desde finales del siglo XIX hasta 1930, esta vez, simbólicamente, la de la gran María Guerrero, así como el golpe de gracia que el cine le propinó a estas empresas herederas del histórico teatro ambulante de la Europa medieval.

Pero esta vez sustituido ese espectáculo por un tipo de teatro para consumo de una burguesía que nació atrofiada y una pequeña burguesía alta, media y baja subordinada a la oligarquía. Esos géneros y subgéneros fueron la ópera, la opereta y la zarzuela, donde se conjugaron actuación, música, bel canto y escenografía: «Con la presentación de la egregia María Guerrero, doy fin, para cerrar con broche de oro, a estas memorias (…) El Teatro Colón, como si no quisiera destruir la impresión dejada por esa formidable actriz recibiendo en su seno a otras inferiores, o como sabiendo que ya había llegado a su máxima grandeza, cierra también para siempre sus puertas, cuando queda destruido en el 1930 por el ciclón de San Zenón (…) A partir de ese año, una que otra compañía que no voy a nombrar, con grandes intervalos, nos visitó, cuando ya el cine parlante comenzaba, para continuar avanzando, dominando, hasta llegar a su apogeo, acabando de adueñarse de todos los escenarios, relegando a un segundo plano a aquella clase de espectáculos, los cuales cedieron su lugar a una nueva faceta del arte teatral moderno.» (Cruzado, 88).

Doy excusa por la larga cita, pero no podía privar al lector del fin de una época dorada del arte emblemático de la burguesía y de otro que se abrirá paso, triunfante hasta hoy: el de las oligarquías latinoamericanas, que ahora usarán el cine y la televisión como propaganda de sus ideologías totalitarias. Clausurado el proyecto político de bolos y coludos, se abre el del gran caudillo único, total y verdadero: Trujillo.

Y esa época dorada que fue clausurada, pasó a servir y convivir con la dictadura totalitaria como algo natural, es decir, el paso masivo de horacistas, jimenistas y grupúsculos subalternos dieron continuidad al mismo proyecto político diseñado por la ocupación militar norteamericana y los caudillos y caciques transaccionistas acompañados de su respectiva clientela.

Por esta razón, cuando se examina aquel mundo o sociedad de la tercera República, con sus valores morales, el peso de la palabra empeñada, el respeto al vencido en las guerras montoneras sin avasallarle, pero permitiéndole cortésmente tomar el camino del exilio hasta que su contrincante cayera víctima del mismo método, no se entiende toda aquella lucha anti-imperialista de la Unión Nacionalista, de la Semana Patriótica, de la Prensa, de los padres de familia que cerraron las puertas de su casa en señal de protesta contra el invasor, las guerrillas de los patriotas del Este y las luchas intermitentes en el Sur y el Cibao, las torturas de Cayo Báez, los ahorcamientos, las torturas con el agua por la boca de la víctima, la reconcentraciones de campesinos, las muertes de dominicanos arrastrados por caballos espantados por los tiros del invasor, las violaciones de mujeres en los campos del país y hasta el asesinato de dementes y simples sospechosos, digo, no se entiende, cómo aquel teatro censurado por los usurpadores, más de 38 piezas escritas, algunas arrancadas violentamente como sucedió en el teatro de Azua; la de Delia Quezada, *Quisqueya y la ocupación americana*, estrenada en Imbert y San Francisco de Macorís, las de José Narciso Solá; las de Damirón y Logroño: *Una fiesta en el Castine* y *Los yanquis en Santo Domingo, La inmolación;* la comedia de Ricardo Pérez Alfonseca; la comedia *El hijo del héroe*, de Rafael Emilia Sanabia, estrenada por la compañía Herman-Morita; el drama *Orgullo de raza*, de Miguel Ángel Jiménez, en la Capital. Y en Azua, la comedia dramática de Renato D'Soto *Así marcha la justicia*, cuyos originales se incautó «la censura en la ciudad de Azua, por orden del Gobierno Militar Norteamericano» (Molinaza II, 69).

Digo, no se entiende, como toda aquella sociedad pasó en un abrir y cerrar de ojos a apoyar masivamente la dictadura de Trujillo después de haber combatido la de los yanquis, y no me digan que hubo resistencia desde el mismo 23 de febrero de 1930, día nefasto del golpe militar y el terror que desató; sí la hubo, es verdad, lo reconozco; sin embargo, fue siempre una minoría la que enfrentó al nuevo usurpador y de esa minoría, otra minoría se exilió y, pero mientras tanto, bailemos un merengue, un furioso merengue que nunca se acabe, a ver si podemos desenredar este embrollo que espera a los constructores del futuro Estado nacional.

Digo, no entiendo, pero sí entiendo, que desde 1916-24 hasta hoy, el grueso de la intelectualidad dominicana, incluidos los políticos y el pueblo, sean los alumnos aventajados de la «escuela de cobardía» creada por la ocupación militar yanqui y que fuera definida por Américo Lugo para escarnio de nuestra historia, ya que debido a la falta de conciencia política y de conciencia nacional no hemos podido construir un Estado nacional verdadero y vemos la patria como botín y placeres, no como ara de sacrificios.

En el cuento

Si se examina detenidamente la bibliografía de la producción literaria de nuestro país, año por año, desde 1820 hasta 1990, publicada por Frank Moya Pons[54] (1997), y específicamente la que corresponde al período de la ocupación militar norteamericana de 1916-24, se comprueba el dañino impacto cultural que ocasionó la segunda medida en importancia decretada por el usurpador: la ley de censura previa para cualquier texto que fuera a publicarse en periódicos y revistas o en forma de libros, amén del peso que tuvo para las comunicaciones telefónicas, telegráficas y cablegráficas e, incluso, para el discurso oral, pues a los sujetos les estaba prohibido criticar al gobierno militar y a los Estados Unidos.

Esta ley de censura explica la magra publicación de libros de cuentos en aquel período. Porque el texto de valor literario implica la crítica de las ideologías de época, del poder y los poderosos; el interventor yanqui no toleraba eso, pese a que en su país la libre expresión del pensamiento y la difusión de todo tipo de ideas estaba garantizado constitucionalmente, y tal derecho era sagrado.

Sin embargo, la dureza de la censura se atenuó a partir de la instalación de la dictadura comisaria de Vicini Burgos el 1 de octubre de 1922, la que daría paso a unas elecciones para escoger un presidente de la República, su vicepresidente y autoridades legislativas y municipales, como es de rigor en este tipo de gobierno de países que han perdido su soberanía al ser ocupados militarmente por un invasor extranjero.

---

54 *Bibliografía de la literatura dominicana, t. I y II*. 1820-1990.Sabnto Domingo: Comisión Permanente de la Feria del Libro, 1997.

Pero todavía así, al contabilizar el número de libros de cuentos, obras de teatro y novelas, la producción es insignificante y, examinados los títulos, el investigador constata el freno que los escritores se impusieron para no ofender al invasor yanqui, pues violar la ley de censura implicaba ser acusado y condenado a penas infamantes, trabajos públicos y elevadas multas dinerarias. La ideología de los títulos de estos tres géneros es neutral, escurridiza, como si quisiera disolverse en puro arte por el arte. Y tomando como referencia la fecha de atenuación de la ley de censura, se comprueba que la mayoría de los libros publicados fue mayor entre 1933 y 1924 que entre 1916 y 1921 y que los textos del género cuento que pudieran aludir simbólica o denotativamente a una crítica a la ocupación militar yanqui, fueron publicados, en exigua cantidad, en el exilio voluntario o forzoso o vieron la luz, en territorio dominicano, después de la evacuación de las tropas militares norteamericanas, e incluso veinte años o más después de aquel acontecimiento luctuosa para la Patria.

Como lo prueban dos casos ejemplares: el cuento «Chito», de José Rijo, (publicado en los años 1940 e incluido en Pedro Peix (1981), y el relato «La vida no tiene nombre» (publicado en 1965, es decir, 41 años después de la ocupación militar y que trata este tema (1981). No he encontrado el medio donde se publicó por primera vez «Chito», pero supongo que debió ser antes de «Floreo», que vio la luz pública en *Cuadernos Dominicanos de Cultura* (I, 1944: 667-72). Pero en ambos casos, la estrategia política de esos textos no es la misma que si hubiesen visto la luz pública en plena intervención, o sea, que no hay riesgo.

El argumento de Chito, en el juicio crítico que escribí a fin de justificar su inclusión en mi *Antología del cuento dominicano* (2000, [1996]), es el siguiente: «Un pilluelo de campo, tierno y medio inocente, que miente por diversión, es elegido personaje de este cuento por el escritor para simbolizar cómo la astucia infantil puede más que la experiencia del padre para librar a este último de la tortura y posible muerte a mano del despiadado invasor norteamericano que se cebó en los pobres campesinos del Este, a quienes consideraba cómplices de los guerrilleros nacionalistas y que el usurpador bautizó con el nombre de 'gavilleros'.»

El texto mismo de Marcio Veloz Maggiolo, *La vida no tiene nombre*, tiene un subtítulo que dice: «Capítulos de una intervención».

El tema de la ocupación sigue vigente en pleno siglo XXI, pero carece de riesgo, e importa solo el valor de la escritura[55]. Por ejemplo, en *Ay de los vencidos* o en *Los civilizadores*, novelas analizadas más arriba, había un poco más de riesgo, aunque, al diluirse el tiempo y la memoria de la ocupación militar yanqui, en «Chito» o *La vida no tiene nombre* el riesgo es menor apuesta La diferencia estará entonces en el valor del lenguaje como valor literario. Eso es lo que hay que tasar, porque la ideología de los textos de Damirón y Read buscaban la condena y la protesta ante aquella salvaje ocupación militar un año después; pero a casi cien años de distancia, tendría más valor orientar el sentido político en contra de las secuelas de toda índole dejadas al país por dicha intervención militar en el preciso instante de la enunciación de la escritura y no como tema de una escritura que finge producirse en el momento mismo del acontecimiento.

En el poema

En cambio, los dos textos poéticos que aparecieron publicados, el primero de Juan de Jesús Reyes (1922)[56], en plena intervención; y, el del español Francisco Villaespesa (1922), oralizado su poema «Canto a Santo Domingo»[57] por el propio autor durante los múltiples encuentros que celebró el poeta en las ciudades más impor-

---

55   También entra en esta categoría la novela de Herman Mella Chavier con el mismo tema, *El camino de los hombres*. Santo Domingo: Casa de Teatro, 2011.

56   Manuel Rodríguez Bonilla. *Juan de Jesús Reyes, cantor de La Barranquita*. Santo Domingo: Soto Castillo, 2ª ed. 2016 (1983). El poema «Acción de la Barranquita», objeto de lectura aquí, vio la luz por primera vez en el libro de Reyes Aranda, *De tierras cálidas*. Santiago: La Información, 1922. Abreviado el libro *CB*, seguido del número de la página. Reeditado por Manuel Rodríguez Bonilla. Juan de Jesús Reyes, el cantor de la Barranquita. Santo Domingo: Soto Castillo, 2ª ed., 2016

57   Cruzado (p. 82) trae el nombre de «Saludo a Santo Domingo», recitado por Prudencia Griffell. En *La isla cruxificada*, el título del poema es «Santo Domingo», no «Canto a Santo Domingo», como aparece en cruzado y otros autores.

tantes del país invitado por los nacionalistas y acompañado siempre por su anfitriona Abigaíl Mejía, por gente devota de España, a la que le dedicó algunos poemas; y, por declamadores criollos que lo re-enunciaron miles de veces a partir de 1920, también en plena intervención, son ambos textos, al igual que las novelas, cuentos y relato que he mencionado arriba, dos ideologías y una formidable propaganda que orientaron, y orientan todavía, el sentido de la obra como denuncia y condena del poder del usurpador en el momento mismo en que pisoteaba la soberanía de la República Dominicana.

El texto de Reyes es un canto épico-dramático candente y airado donde encomia el valor y el sacrificio de los primeros dominicanos que, asevera Manuel Rodríguez Bonilla (2016), enfrentaron a los invasores yanquis en el combate del «... cerro de La Barranquita, cerca de Guayacanes, en la hoy provincia Valverde, entre dominicanos y *marines* norteamericanos que ocupaban nuestro país en el 1916. Allí, 80 patriotas comandados por [el general] Carlos Daniel y [el Capitán de la Guardia Republicana] Máximo Cabral, esperaron al invasor que desde Montecristi (*sic*) venía dirigiéndose a Santiago de los Caballeros, segunda ciudad de importancia del país y capital de toda la rica región del Cibao». (*CB*, 13).

Según Rodríguez Bonilla fue «el 3 de Julio [de 1916] cuando se da la hecatombe, el martirologio. Mueren Máximo Cabral y Agustín Cabral, Francisco (Pancho) Peña (también luchador contra los españoles en 1863), Magdaleno Zapata, Bernardo y Carlos Gutiérrez, el adolescente Belarmino Rodríguez y otros, completando el número de 27 mártires» (*AB*, 13), mientras que en la Capital los políticos pensaban únicamente en terciar en las próximas elecciones fijadas por la reforma constitucional que se discutía en el Congreso durante el gobierno del presidente interino Francisco Henríquez y Carvajal.

También el poema «Acción a la Barranquita» de Reyes Aranda fue, al igual que el de Villaespesa, oralizado primero antes de que apareciera en forma de libro *De tierras cálidas*, según lo consigna Rodríguez Bonilla (2016: 37): «Es en mayo del 1921 cuando este vibrante poema es recitado en público, por primera vez. El nacionalismo dominicano estaba en pie. Un acto de carácter político y patriótico se registraba en Mao, en este mes del referido año, a los cinco años después de iniciada la ignominiosa ocupación militar de los Estados Unidos en nuestro país.»

¿Quién recitó primero el poema de Reyes Aranda? El acto patriótico a que alude Rodríguez Bonilla recorrió las calles polvorientas de aquel pueblo perteneciente entonces a la provincia de Santiago, a juzgar por las fotos que trae el libro citado El autor asevera (*CB*,obra citada, pp. 37-38) «que el primer orador que agotó turno, al dejar la calle La Esperanza (hoy Duarte) y tomar la del Comercio (hoy Sánchez) hacia el Este, lo fue Virgilio Martínez Reyna, intelectual proveniente de Santiago de los Caballeros; declamó el ya inmortal poema ACCIÓN DE LA BARRANQUITA, de Juan de Jesús Reyes, en medio del entusiasmo y la algarabía de decenas de personas que a la marcha se iban integrando.»

Rodríguez Bonilla describe las características ideológicas del poema que todavía concita la emoción suya al rememorar aquel escenario macabro: «ACCIÓN DE LA BARRANQUITA, es un verdadero himno de patriotismo, una cartilla de civismo y una lección de moral, publicado en el año 1922 y dedicado 'a la noble memoria de Máximo Cabral, hijo, Francisco Peña, Carlos Jiménez, Aquilino Zapata [Rodríguez Bonilla corrige este último nombre y da por cierto, Magdaleno, DC.], Bernardo Jiménez [otra corrección de nombre por Rodríguez Bonilla, esta vez Gutiérrez. DC, ¿no será Gutierre?], Belarmino Rodríguez, Agustín Cabral, hijo, y demás gloriosos mártires del 3 de julio del 1916.» (*CB*, 38). Esta estrofa de acento épico no tocó la diana ni llamó al corneta a combate en la ciudad de los Colones, donde estaba la Fuerza en manos de Desiderio Arias:

En un reducto alzando la Bandera
Contra el airado viento del destino,
Un grupo se atrinchera. En el camino,
Al enemigo de la Patria espera.
En noble fuego juvenil ardida
El alma, jura el grupo, que la vida
Ha de ofrecer con cívico ardimiento
Traidor que nunca de amor patrio supo,
Fuerza invasora llevará hasta el grupo
Que aguarda un espectáculo sangriento. (CB, 38)

La péñola del poeta que guía su cerebro agitado, evoca en el siguiente trozo del poema la figura de Francisco Peña, añoso ya, pero dispuesto al combate, como lo hizo durante la guerra de la Restauración con el segundo invasor de la república nacida el 27 de febrero de 1844. El viejo luchador oye la voz de su conciencia que le grita que vuelva a su bohío, que no está para esos trotes de guerra. El espectro responde:

Un noble héroe de cabellos blancos
Tiene su albergue al pie de la montaña,
Y el predio verde en los amenos flancos
Al frente de la plácida cabaña.
Oye la voz de las descargas; arde
En el fuego intenso varonil; se afianza
En la visión de su pasado; avanza
Hacia el reducto, mas sin necio alarde.
....
—¡Vuelva, señor la cara a su cabaña!
—Usted ya no resiste una campaña,
Alguien le dice, y habla su ardentía:
....
—Yo combatí de joven a los blancos,
Y vengo ahora, desde aquellos flancos,
A la defensa de la Patria mía. (CB, 45).

El final de «Acción de la Barranquita» evoca en la nostalgia las epopeyas de los vencidos, desde Troya hasta hoy, pero el poema les redime como memoria de la colectividad para que otros, si llegado el momento, como lo fue abril de 1965, y en mejores condiciones y estrategia, empuñen las armas contra cualquier invasor de la patria:

¡Es el festín que sueña enardecida
¡El alma de esos héroes sin venganza!
Es el festín que sueña la esperanza
De un pueblo al ver su libertad perdida
¡Ira del cielo! ¡Va, desgarra el velo

Fuerza es que ya sobre la testa vibres
¡De la moderna Babilonia! En tanto:
¡Dichosos ellos, que murieron libres! (*CB*, 45).

A diferencia del «Canto a la Barranquita», de Reyes Aranda, el «Canto a Santo Domingo»[58], fue publicado en nuestro país y escrito por Villaespesa en esta Capital el 16 de octubre de 1920, según consta al final de la última estrofa, fue publicado en La Habana en 1922.[59]

Pero como fue recitado durante cuatro años por muchos dominicanos nacionalistas y asumido como un himno de la resistencia al invasor, ha de suponerse que, en virtud de la ley de censura, el poema de Villaespesa no viera la luz en medio impreso, lo que explica su publicación en la capital cubana, patrocinado dicho libro de poemas por el nacionalismo dominicano, que era muy fuerte y contaba allí con gran apoyo de parte de la pequeña burguesía y parte de la burguesía, como lo atestigua la recolección de más de 100 mil dólares recaudados durante la Semana Patriótica celebrada en junio de 1920 y «girados a Emilio Bacardí, presidente del Comité Central Pro Santo Domingo, en Santiago de Cuba»[60], quien los entregó a la Comisión Nacionalista Dominicana para labor de propaganda y gestiones en América del Sur, Estados Unidos y Europa en pro de la desocupación de las tropas norteamericanas que manchan la soberanía del país.

Y quizá con parte de este dinero se cubrieron los gastos de la estancia del periplo del poeta Villaespesa en la Capital y el interior del país, aunque es posible que el gobierno español contribuyera a la

---

58   La actriz Prudencia Grifell, de la Compañía Española de Comedias y Dramas recitó, en su *debut* en la Capital, el referido poema de Villaespesa, pero con el título de «Saludo a Santo Domingo». Es probable que haya sido un olvido de Grifell o de Cruzado, quien ofrece la información (obra citada, p. 82) o que el bardo le haya cambiado el título tal como aparece en la edición habanera que cito en este ensayo.

59   *La isla cruxificada (Santo Domingo)*. La Habana: Hermes, 1922, 95 p.

60   Max Henríquez Ureña. *Los yanquis en Santo Domingo*. Santo Domingo: Editora de Santo Domingo, 1977, p. 265. La primera y única edición de esta obra vio la luz en Madrid en 1929.

financiación de este periplo del bardo por Santo Domingo, Puerto Rico y Cuba, pues don Max documenta el apoyo de prominentes figuras políticas españolas a la causa dominicana: «Un importante núcleo de miembros del Congreso español, con la representación de todos los grupos parlamentarios, había formulado a su vez, en septiembre de 1919, u mensaje de adhesión y simpatía a las gestiones que realizaba en Washington el Presidente Henríquez. Firmaron el documento el Conde de Romanones, Manuel García Priego, Francisco Cambó, Santiago Alba, Melquíades Álvarez, Indalecio Priego, Rafael Gasset, Alejandro Leroux, Niceto Alcalá Zamora, Antonio Goicoechea y Augusto Barcia. Un grupo de intelectuales españoles de alta significación suscribió después un mensaje análogo, y el Instituto Ibero-Americano de Derecho Comparado presidido por Rafael Altamira, envió un despacho cablegráfico al Presidente Wilson abogando 'por el restablecimiento del orden jurídico en la República Dominicana'.»[61] Estas figuras españolas tendrían posteriormente un peso muy grande en la guerra civil española, en el gobierno y en la literatura en el exilio que siguió al triunfo franquista

Pero como cité más atrás la reseña Cruzado (1929: 82) donde se hizo eco de la velada de la compañía española de variedades y zarzuelas de Prudencia Grifell, la noche de su debut en Santo Domingo a principio de 1924, ella misma declamó el citado poema de Villaespesa, oralizado quizá en esa época como «Saludo a Santo Domingo». Motivos más que suficientes tenía España para ayudar a los nacionalistas dominicanos que luchaban en contra de la ocupación militar dominicana. Como la ideología histórica, política y cultural de los dominicanos, incluso de los líderes de la guerra de Restauración, era el hispanismo eurocéntrico de la Madre Patria, también los nacionalistas criollos reproducían en sus discursos escritos y orales los mismos mitos y leyendas de semejante ideología.

El libro de poemas de Villaespesa es de pies a cabeza la reproducción exacta de esa ideología hispanista del pasado glorioso de España desde Pelayo y la gesta del Cid Campeador hasta el

---

61 Henríquez Ureña, obra citada, pp. 265-266.

Idearium español (1898) de Ángel Ganivet y la *Idea de la hispanidad* (García Morente, 1961).

Solo hay que leer la dedicatoria del libro para apercibirse de los valores de la ideología monárquica hispanista de unidad, nación, lengua, patria y religión[62], luego de enumerar a las personas a las que dedica su libro, escribe: «...a todos los antillanos y españoles que en un divino atardecer, acristianaron a mi hijo Paco, en la cumbre llena de belleza, de tradición y de leyenda del Santo Cerro, en la muy noble y heroica ciudad de la Vega Real, la más gloriosa, hospitalaria y culta de todas las ciudades de la Isla Cruxificada (*sic*). Habana-10-VI-922.» Este uso de la grafía *x* en vez de la *c* remite a una ideología del prestigio del español arcaico, derivado del latín.

Esta cita indica que las personas a quien se dedica el libro quizá acompañaron en romería al Santo Cerro al poeta y su hijo bautizado, y que talvez el vate hasta su puñito de tierra guardó consigo. Pero tal ideología comienza desde el primer poema en latín «*Ecce populus*» –«He ahí el pueblo»: «Yo vi un pueblo, Señor, cruxificado/ sobre la blanca cruz de su bandera, /igual que Tú, de espinas coronado, /el busto inmóvil y la tez de cera, /el rostro de dolor desencajado, /vuelta la vista a la celeste esfera, /sangrando por la herida del costado/y roja de sudor la cabellera! ...» (p. 11).

Ese introito del libro es el programa de escritura de los restantes poemas de Villaespesa: «Y cual Inri también, sobre el madero, / escrito en inglés bárbaro un letrero: /–Por ser tu tierra inerme, libre y rica, /América del Norte te condena; /y en nombre del Derecho te encadena, / y por la Libertad te cruxifica!» (P. 12).

Los demás poemas serán variantes de este como exergo, donde la ideología de la grandeza de España es repetida hasta el paroxismo. Y como se observa en estas dos últimas estrofas de «*Ecce populus*», el poeta pone en boca de un yo que habla en nombre de los Estados Unidos y la responsabilidad de la enunciación del discurso recae en el usurpador yanqui: es decir, que por ser Santo Domingo «tierra inerme, libre y rica», América del Norte la condena, la encadena y la ocupa militarmente en nombre del Derecho, que es la ley del más fuerte y, también en nombre de la libertad, aquella potencia

---

62   François Xavier Guerra, *Modernidad e independencia. Ensayos sobre las revoluciones hispánicas*. Madrid: MAPFRE, 1992, pp. 149-156

crucifica al país más débil. Pero atención, el tercer verso de la cuarta estrofa termina con la palabra «rica»; es la metáfora que explica el saqueo, motivo y causa verdadera de la ocupación yanqui.

Como las dos primeras estrofas del célebre y extenso canto a «Santo Domingo», dedicado a Domingo Hernández,[63] contienen los tres componentes de la ideología hispánica, no ofreceré más ejemplos de los otros poemas que llevan por título las ciudades que Villaespesa visitó, donde fue muy agasajado por las personalidades que vivían en dichas ciudades, las cuales combatieron la ocupación militar norteamericana (verbigracia el poeta Porfirio Herrera[64], en San Pedro de Macorís, donde escribió el poema el 26 de octubre de 1920; a Santiago de los Caballeros y a Rafael Estrella Ureña, poema escrito en San Juan [de Puerto Rico, DC], en fecha 10 de febrero de 1920; a Puerto Plata y Luis Ginebra[65], también escrito en San Juan [de Puerto Rico, DC] en fecha 23 de febrero de 1920; a Moca y a César Tolentino, escrito en San Juan [Puerto Rico] el 27 de febrero de 1920; y, por último, una sección poética titulada «Intermezzo lírico», cuyo primer poema se titula «A Fabio Fiallo», escrito en la capital dominicana el 8 de octubre de 1919; y, el segundo y último del libro, titulado «La nueva Cartago», una alegoría del poder imperial de los Estados Unidos, sin fecha y lugar de escritura, pero puede inferirse que debió ser para la misma fecha que el dedicado al poeta Fiallo, secretario de Rubén Darío, de aquí el vínculo

---

63   Este personaje fue un militante del nacionalismo dominicano.

64   Extraña que Herrera recibiera al poeta Villaespesa, quien vino a apoyar, como símbolo de España, la lucha del pueblo dominicano en contra de la ocupación militar norteamericana, y que su bufete de abogado figurara en anuncio pagado en el *Libro Azul,* (p.79) publicado en 1920 en New York: Compañía Biográfica, 1920 y reeditado por la Editora de la Universidad Autónoma de Santo Domingo en 1976, con una presentación de Roberto Cassá. Los abogados nacionalistas de la estirpe de Américo Lugo, Luis C. del Castillo o Peña Batlle jamás figurarían en un libro de esta estofa. Esta obra fue publicada, pues, en plena intervención por el Gobierno de ocupación con un objetivo propagandístico y para causar la impresión de que los invasores contaban con el respaldo de la población dominicana, sobre todo con el de la incipiente burguesía agro-exportadora y con el del comercio importador, así como con el de los profesionales liberales.

65   Luis Ginebra fue presidente de la Junta Nacionalista de Puerto Plata, documentado en Max Henríquez Ureña, Los yanquis en Santo Domingo, ya citado, p. 286.

con Villaespesa, quien fue el divulgador del modernismo y secuaz de Darío en España. De este último poema, que lo considero el segundo caballo de batalla ideológica o himno de guerra para ser recitado en las actividades de las Juntas Nacionalistas en todo el país, con el debido respeto a la ortografía de la época, lo copio en toda su extensión:

> *Con la escoria de todas las naciones*
> *Se fué formando tu poder aciago,*
> *Pues dieron a tus locas ambiciones*
> *Sylok su alma y su conciencia Yago.*
>
> *Sin más Dios que tu oro y tus cañones,*
> *Eres, en la rapiña y el estrago,*
> *Una nueva Cartago, una Cartago*
> *¡Sin Aníbal, ni Asdrúbal ni aún Magones!...*
>
> *¿En qué indomable corazón latino*
> *Se está nutriendo el ideal divino,*
> *Las nobles fuerzas y los puños duros*
> *Del Escipión, que con su espada homérica*
> *No deje ni aún cenizas de los muros*
> *¿De esta Cartago bárbara de América?*

Villaespesa vivió para ver que no se cumplió su profecía acerca de la aparición de un vengador de los países del mundo víctimas del imperialismo norteamericano no se cumplió.

El vate murió en Madrid en 1936 y es imposible que no siguiera a través de la prensa los cables internacionales que dieron cuenta del golpe de Estado de Rafael Trujillo a Horacio Vásquez el 23 de febrero de 1930, escasamente a ocho años de su estancia en Santo Domingo y salida para Puerto Rico y Cuba.

Y para demostrarle que no hay sentido de la historia, ese racionalismo positivista anclado profundamente en los miembros del partido del signo, los hechos tozudos le permitieron Villaespesa (1877-1936) ver y vivir al menos seis años de la despiadada dictadura que implantó Trujillo en la República Dominicana y que en breve implantaría Francisco Franco otra dictadura similar en España luego de una sangrienta guerra civil.

Esa ideología perversa propia del partido del signo que consiste en analizar los acontecimientos históricos, y la historia, misma, como una marcha ascendente hacia un progreso humano que solamente, de vez en cuando, se ve perturbada por contingencias del azar o destino, pero que rápidamente se recompone y toma de nuevo su curso normal. Un ejemplo válido para los latinoamericanos de que no hay sentido de la historia, es decir la «ley» del progreso y el atraso de la humanidad, es la llegada de Cortés a México-Tenochtitlán y la de Pizarro al Perú de los incas.

A estos dos imperios nada parecía detenerle su irresistible expansión y conquista de todos los reinos vecinos gobernados por aquellas aristocracias militares indígenas tan pomposas. Nada ni nadie, brujo o sacerdote, parecía augurarles en tan corto tiempo, una caída tan súbita y estrepitosa un día antes de la llegada de los dos conquistadores españoles a las capitales de Moctuzuma, Atahualpa y su hermano Huáscar. Esta es la prueba de que no existe, en la realidad práctica y las acciones de los sujetos, esa ideología racionalista del sentido de la historia, sino como discurso metafísico.

Y para Perelman (1969: 135), fundador de la retórica del discurso de los historiadores, el llamado sentido de la historia, tan invocado por el mundo de las ciencias naturales, sociales y humanas, no existe, pero primeramente apela al maestro de la inexistencia del sentido de la historia: «La concepción más cercana del sentido común es la que presenta los hechos del pasado en función de iniciativas de los hombres, los actores de la historia. Es esta concepción que encontramos expresamente practicada por Tucídides en *La guerrera del Peloponeso*, donde él enuncia, en discursos atribuidos a los personajes que presenta, sus proyectos y la manera en que se proponen realizarlos. El sentido de los hechos está indicado por el éxito o el fracaso de esos personajes, opuestos a otros personajes que combaten sus designios.»

Y de la cita de Tucídides, Perelman deduce la inexistencia del sentido de la historia, del destino o azar: «En esta perspectiva, no es asunto del *sentido de la historia*, puesto que se trata de personajes múltiples que otorgan un sentido a su acción, que persiguen la realización de sus proyectos, los que tanto fracasan como triunfan, completa o parcialmente.»

De nuevo, se invoca a Tucídides, paradigma de los historiadores. Esta vez apela a él, León-E. Halkin (1968: 13): «Tucídides invoca constantemente las categorías de la guerra, de la diplomacia y sobre todo del imperialismo. La historia es el terreno de la violencia. Tucídides reserva a la historia-batalla un lugar primordial, pero no ignora ni las motivaciones políticas ni los imperativos económicos. Para él, el heroísmo individual es menos significativo que la superioridad militar. Los discursos, a través de toda su obra, sirven para aislar los móviles de la guerra, los argumentos de la diplomacia, las leyes del imperialismo. ¡Henos aquí lejos de una simple narración!» Narraciones simples son los gruesos volúmenes de los historiadores del partido del signo.

Y otra vez, Halkin (1969: 13) sitúa la ideología de las famosas categorías inventadas por los discursos metodológicos de los historiadores, incluido aquí Tucídides, que las usa en la cita que antecede: «En mi opinión, no existen categorías históricas propiamente dichas fuera de las categorías periodológicas: Prehistoria, Antigüedad, Edad Media, Renacimiento, Tiempos Modernos, Época Contemporánea, etc.» El autor afirma (1969: 11) que «los historiadores no emplean voluntariamente el lenguaje filosófico. Desconfían a menudo de él y, por miedo a alejarse de una visión concreta de las cosas, se esfuerzan a veces en expulsar de su representación del pasado todo lo que pudiera parecerse a un juicio de valor, al menos a un juicio de valor explícito.»

Se desprende, entonces, de esa ideología ingenua que borra al sujeto y su subjetividad, una creencia en la historia como verdad y objetividad, mientras que ella no es otra cosa que un discurso sobre hecho, y acciones de los sujetos por lograr el triunfo de sus intereses de todo tipo y pierden de vista estos profesionales que en materia de discursos lo único que existe son puntos de vista, perspectivas y matices diferentes y que, como señala otras vez Halkin (1969: 15) «... incluso en las palabras, nada es indiferencia, todo es compromiso.»

Y al ser compromiso político, ideológico, de valoración y forma-sentido, no hay objetividad, tal como lo asevera Perelman en el exordio al libro *Les catégories en histoire*, dedicado al análisis del discurso histórico en diversos enfoques prácticos: «La impresión que se desprende, de manera irresistible, de los textos que emanan, cada cual, de los especialistas, es la forma en que nacen y evolucionan en lo concreto de su disciplina las categorías que estudia el historiador, pues, más que cualquier otro análisis teórico, obliga a comprender la especificidad de las ciencias históricas, y quizá incluso de las ciencias humanas en general. Son estas clases de estudios los que nos obligan a ver claramente mediante cuál proceso, en historia, los juicios de valor se mezclan, quiérase o no, a los juicios descriptivos, y en qué sentido el ideal de objetividad científica puede recibir, en las obras históricas, solamente una realización progresiva.»

Cuando los políticos y los intelectuales dominicanos vinieron a darse cuenta de que la ocupación militar del país por el ejército de la Infantería de Marina norteamericana se inició con el desembarco de sus primeras tropas por San Gerónimo en abril de 1916, ya era demasiado tarde para reaccionar, si reacción hubiese habido, que mucho lo dudo, porque el comportamiento de los políticos en aquel momento de peligro para la soberanía de la República se redujo a un pleito de perros para repartirse las magras riquezas y las posiciones burocráticas que habían quedado vacantes tras la renuncia del presidente Juan Isidro Jimenes, causada por esta rebelión militar en su contra iniciada el 14 de abril por su Ministro de Guerra y Marina, general Desiderio Arias, principal responsable de la ocupación militar yanqui. Todos los partidos (horacistas, jimenistas y legalistas) pensaron únicamente en sus intereses y ante las advertencias de que la ocupación militar yanqui era inminente, todos voltearon la vista para otro lado y según se desprende de los discursos emanados de su boca y pluma, la víspera de la proclama del Capitán Knapp anunciando la ocupación militar el 29 de noviembre de 1916, Federico Velásquez instruía en una Circular[66]

---

66   Inserta en *Artículos recopilados sobre la ocupación norteamericana de 1916* por Vetilio Alfau Durán. Prólogo de Alejandro Paulino Ramos. Santo Domingo: Academia Dominicana de la Historia, 2016. Abreviada las citas así *ArtsRecop*,

(2016: 217-1219) a sus conmilitones del Partido Progresista a cerrar filas y prepararse para la toma del poder luego de las supuestas elecciones que dentro de poco serían celebradas por los yanquis antes de evacuar el territorio dominicano, pues su análisis genial le conducía a creer que la ocupación sería una cuestión transitoria: «En la creencia (...) de que no peligra la independencia del país y de que la actual anormalidad es transitoria, yo exhorto a Ud., a mis correligionarios todos, a no apartarse del camino seguido hasta ahora y a continuar la labor de propaganda, de organización, de ensanche del Progresismo sin que esa labor se suspenda un solo momento, pues es preciso vigorizar lo más posible el partido para que pueda contribuir con nuevos entusiasmos y con mayores energías al resurgimiento de la Patria libre y soberana.» (*ArtsRecop*, 218).

Y véase la estrategia del político malicioso que fue Velásquez, al igual que lo fueron Horacio Vásquez, Arias, los jimenistas y Luis Felipe Vidal, en aquella hora dramática para el futuro de la República y en la que todos pensaron en resguardar sus intereses mezquinos y prepararse para recobrar el poder cuando cesara

---

seguido del número de la página. La Circular fue publicada originalmente en el *Listín Diario* n.º 8.266 del jueves 7 de diciembre de 1916, pero dirigida a los velasquistas de todo el país el 4 de diciembre de 1916, es decir, cuatro días después de la proclama de la ocupación militar del país por parte del Capitán de Navío Harry S. Knapp, por órdenes del presidente norteamericano Woodrow Wilson, quien tuvo remordimiento de conciencia al dar la orden de la ocupación militar de la República Dominicana. Wilson, uno de los más brillantes políticos demócratas de los Estados Unidos, graduado de abogado de Harvard, venció a todos sus oponentes en la lid por llegar a la Casa Blanca, pero contrajo la locura en el ejercicio de su mandato y fue esta enfermedad la que le hizo cometer el despropósito de lanzarse desnudo en la piscina del hotel parisiense donde se alojaba cuando asistió a la Conferencia de Versalles que puso término a la Primera Guerra Mundial. Cuando regresó al su país luego de la firma del Armisticio, quienes ejercieron el verdadero poder fueron su esposa y su yerno W. G. McDoo, como se aprecia en su cablegrama dirigido a Francisco J. Peynado, Ministro de Hacienda en el gobierno interino de Francisco Henríquez y Carvajal (*ArtsRecop*, 86-87). McDoo, apoyado sin duda por la esposa de Wilson, facilitó en 1922 las cosas para recibir en el Departamento de Estado a la Comisión Nacionalista Dominicana a fin de relanzar el plan de evacuación de las tropas norteamericanas, lo cual no fue posible con Wilson. La locura de este mandatario está documentada en el libro de Sigmund Freud y William C. Bullit. *Thomas Woodrow Wilson*. Boston: Houghton, Mifflin Co., 1967.

la intervención militar yanqui. Estas son las instrucciones de Velásquez a sus partidarios, similar a las orientaciones de Vásquez a los suyos: «Si el propósito de la Jefatura Militar Americana es la organización y preparación del país para unas elecciones libres y verdaderas en no dilatado tiempo, es preciso que el Progresismo esté preparado convenientemente para el triunfo, cuando ese momento llegue, y para ello se debe laborar constantemente, sin alardes ni manifestaciones que puedan ser mal interpretadas en la hora actual.» (*ArtsRecop.*, 218).

Velásquez llama a los suyos, al país y a los demás partidos a emular la claudicación en la que él ha caído e incita al inmovilismo del pueblo dominicano frente a la ocupación militar y se cree inmune a la responsabilidad de no haber hecho nada para evitar la pérdida de la soberanía de la República: «...considero que si no hizo el pueblo una franca hostilidad cuando el desembarco de las tropas americanas, hoy resultaría demasiado tarde hacer nada en ese sentido, puesto que no habiendo propósito colectivo de resistencia ni un plan, de resistencia, ni ejército, ni escuadra, ni elementos de guerra, ni recursos de ningún género, ni hombres preparados para la resistencia, sería no solo ridículo, sino criminal, intentar a medias, o mal intentar, cualquier acción de hostilidad contra las fuerzas de ocupación.» (*ArtsRecop*, 217).

No sigo citando las centenas de párrafos donde los políticos personalistas del horacismo, el jimenismo, el velasquismo y el legalismo asumen la misma conducta, acción e ideología del discurso expuesto en esta Circular por Federico Velásquez, sino que copio la cita de una carta de un norteamericano a otro compatriota suyo hecha por Arturo Logroño[67] en un artículo titulado «Vox Patriae», 27 días antes de la ocupación militar yanqui.

Logroño fue Secretario Particular del presidente Jimenes y se convirtió en oráculo del peligro de nuestro desastre político a la vista de todos, menos de los jefes políticos y militares de nuestro país: «Conozco, por azar, una carta escrita por un norteamericano

---

a su compatriota en New York, uno de cuyos párrafos dice más o menos: 'Mientras los dominicanos se dedican a discutir en los periódicos sus cuestiones de política, cosa que no tomamos ni en serio ni en cuenta, nosotros, sin que ellos se percaten, abstraídos como están en su suicida desacuerdo, vamos tomando posesión de las posiciones que necesitamos en todos los ramos de la Administración Pública. Cuando despierten será tarde.» (*ArtsRecop*, 210).

Contra el pronóstico de los jefes de los partidos personalistas de que era inútil toda resistencia a la ocupación militar yanqui que se había iniciado en abril de 1916 con la intrusión de soldados norteamericanos en la Capital con el falso pretexto de ayudar al presidente Jimenes a mantener el orden legalmente constituido y contrarrestar la insubordinación de Desiderio Arias contra su Presidente, la Constitución y las Leyes y con el argumento de que la destitución de algunos jefes militares partidarios de Arias, por parte el mandatario, vulneraba la seguridad de su persona, las tropas yanquis tomaron la Fortaleza, desarmaron al líder rebelde y a sus tropas y afianzaron su control de la ciudad, lo que les permitió llevar a cabo su estrategia oculta de ocupar militarmente todo el país.

Pero en el avance de las tropas intervencionistas lanzadas desde Monte Cristi y Puerto Plata con el objetivo de tomar la ciudad símbolo del Cibao y dominar toda la región, los invasores no contaron con que tropas dominicanas les enfrentarían en La Barranquita, de Mao, el 3 de julio de 1916, al frente de las cuales estuvieron el general Carlos Daniel y el Capitán Máximo Cabral y un grupo de patriotas, casi todos acribillados en desigual combate, pero este fue el mentís a los jefes políticos colaboradores y transaccionistas que vendieron la soberanía de su patria.

El combate de La Barranquita constituyó un símbolo de la futura resistencia que, estupefacta y acobardada al inicio por lo sorpresivo del golpe, se repondrá más tarde, 1920, con la creación de la Semana Patriótica y la Comisión Nacionalista Dominicana encabezada por el presidente *de jure* Francisco Henríquez y Carvajal, Américo Lugo, el poeta Fabio Fiallo, Federico Henríquez y Carvajal, Max Henríquez Ureña, Tulio Cestero, Enrique Apolinar Henríquez, Rafael César Tolentino, Emiliano Tejera, Alejandro

Coradín, Frank Bermúdez, el poeta Rafael Emilio Sanabia, Luis C. del Castillo, Manuel Arturo Peña Batlle, Francisco J. Peynado y una plétora de hombres y mujeres que estuvieron a la altura de las circunstancias durante los ocho largos años que duró la ignominiosa ocupación militar yanqui, cuyas causas han sido las expuestas a lo largo de esta obra y que los políticos clientelistas y patrimonialistas de la época ignoraron por completo, mirando para otro lado, a la espera de la evacuación de las tropas de ocupación para resurgir, triunfantes, según la estrategia velasquizta analizada más arriba, y que dará los frutos apetecidos cuando Horacio Vásquez y Federico Velásquez ganen las elecciones de 1924, preparadas por los usurpadores y a través de la dictadura comisaria de Vicini Burgos, instalada en 1922 con el único objetivo de celebrar elecciones generales y que el ganador legitimara todos los actos del usurpador, como en efecto ocurrió.

Marginados los verdaderos héroes de la resistencia contra el yanqui invasor, ocurrió lo que siempre ocurre luego de la ocupación militar de cualquier país por una potencia imperial: el advenimiento de una dictadura que asegure todas las inversiones y las propiedades adquiridas por el invasor mediante la coacción, la violencia y el legalismo.

A un siglo de aquel acontecimiento, la revista *Clío*, órgano de la Academia Dominicana de la Historia[68], ha publicado ocho ensayos que estudian ocho aristas de la sociedad dominicana que fueron impactadas por la ocupación militar yanqui de 1916, a saber: el «ambiente geopolítico», por Adriano Miguel Tejada: los «movimientos sociales», por Roberto Cassá; la «exacción estatal y [la] resistencia campesina, por el boricua Pedro San Miguel; el «sistema de vigilancia» implementado por los servicios de inteligencia de la ocupación, por María Filomena González Canalda; la «Iglesia católica dominicana ante la ocupación», por el Padre jesuita José Luis Sáez; la «salud» durante la ocupación, por Herbert Stefan Stern Díaz; la «legislación», por Wenceslao Vega de Boyrie; y, por último, la posición y estrategia del «Movimiento Nacionalista Dominicano», por Eduardo Tejera. Como siempre en los discursos

---

68   Año 85 enero-junio (191, 2016): 5-254.

históricos, invisibilizados, faltó el estudio del significante judío de los historiadores: la literatura y la cultura y el impacto que tuvo la ocupación militar en la práctica y teoría de poetas, cuentistas, teatristas, novelistas, artistas visuales, periodistas, ensayistas, etc.

Pero sí voy a referirme al estado de situación acerca de los estudios y las investigaciones de la susodicha ocupación militar yanqui de nuestro país del 1916 al 1924, emprendidos por intelectuales dominicanos o extranjeros, esbozada por el académico Emilio Cordero Michel en la presentación que hizo de los ocho trabajos mencionados anteriormente.

Cordero Michel es categórico cuando señala lo siguiente: «Sobre la Ocupación Militar Norteamericana de 1916-24 muy poco se ha escrito con auténtico rigor científico, ya que la mayoría de los trabajos publicados han tendido a justificarla y proclamar que constituyó el inicio del desarrollo socio-económico moderno del país porque fue un período en el que se establecieron las estructuras y superestructuras que requería la sociedad dominicana para poder incorporarse a la modernidad.» (*Clío*, ya citada, p. 7).

En otro lugar he hecho a los discursos históricos, políticos y literarias de mi país la crítica a este torniquete de «modernidad», que los usuarios confunden con «modernización», o en mejor de los casos, con «modernismo». El concepto de «modernidad» pertenece a la poética de Meschonnic (1988), el cual se define como la crítica radical a los discursos y sujetos que pertenecen al partido del signo. La confusión entre los dos términos favorece solamente a los que emplean modernismo como sinónimo de modernidad, o sea, a los metafísicos y a los positivistas racionalistas cuyo dominio son la teoría y el partido del signo, todo lo opuesto a la teoría y al partido del ritmo, cuya estrategia política radica en la tesis de que la teoría del leguaje es idéntica a la teoría de la historia, y ambas implican, por lógica, la indisolubilidad y coherencia interna de los conceptos de sujeto, discurso, colectividad, sentido, ideología, poema, traducción, ética y literatura.

Y, para rematar, Cordero Michel postula lo siguiente con relación a los estudios realizados e investigaciones producidas por sujetos historiadores, sociólogos o politólogos en torno al tema de la primera ocupación militar norteamericana: «Otros han manifestado que era necesaria esa Ocupación Militar extranjera para romper con el fenómeno del caudillismo que constituía el principal obstáculo para lograr el aspirado desarrollo económico social que producía el capitalismo y que los yanquis vinieran a civilizarnos y sacarnos del ancestral atraso. Por eso, aceptaron como verdaderas las falsas causas alegadas por el presidente Thomas Woodrow Wilson».[69]

El historiador Cordero Michel enumera, mínimo, cinco falacias en las que han descansado la explicaciones y justificaciones de la primera ocupación militar de nuestro país: 1) «Que la República Dominicana violó el artículo 3 de la Convención Domínico-Americana de 1907, que prohibía al Gobierno Dominicano incrementar su deuda interna o externa sin el previo y expreso consentimiento de Washington; 2) «La alegada germanofilia de parte del pueblo dominicano, particularmente de los cibaeños, puertoplateños y comerciantes intermediarios que colocaban el tacaco, cacao, café, maderas preciosas, etc., del Cibao y Norte del país en Bremen, Kiel, Hamburgo y otros puertos del norte de

---

69   Ya para 1917 la arterioesclerosis que diezmó la salud de Wilson, graduado de Ciencias Políticas en la Universidad Johns Hopkins y uno de los políticos norteamericanos más inteligentes, estaba muy avanzada y terminaría llevándole a la locura, diagnosticada en París por el siquiatra Alajuanine, y posteriormente por Sigmund Freud, tal como se muestra en su libro en colaboración con el ex embajador norteamericano en Francia, William C. Bullit. Boston: Houghton, Mifflin Co., 1967, pero también en las obras de Hugh L'Étang, *The Pathology of Ledership*. New York: Hawthorn Books, 1970 y en Edwin A. Weinsstein, «Denial of Presidential Disability: A Case Study of Woodrow Wilson». *Psychiatry*, 30, 376-391, 1967, así como las restantes publicaciones sobre el tema ofrecidas por el siquiatra Juan Antonio Vallejo-Nágera en su libro *Locos egregios*. Madrid: Planeta, 30ª ed., 1990. [1953]. No ha sido Wilson el primer presidente loco de los Estados Unidos, también lo fue Franklin Delano Roosevelt. Estas patologías fueron celosamente guardadas por razones de Estado y otros gobernaron en nombre de quienes las padecieron. Tal fue el caso de la esposa de Wilson y su yerno, quienes decidían que convenía y no convenía a la política imperial de los Estados Unidos durante el mandato de aquel familiar. La locura de Wilson no ha sido estudiada todavía en cuanto a los efectos que tuvo para nuestro país la primera ocupación militar norteamericana. Se detectó la locura de Wilson, como dije anteriormente, cuando se lanzó desnudo a bañarse en una fuente de París y fue llevado a la clínica del siquiatra Alajuanine y al pedírsele que se identificara dijo que él era el Presidente de los Estados Unidos. Todo se ocultó hasta después de su muerte y un poco más.

Europa y, a la vez, adquirían en ellos artículos de uso y consumo que distribuían en las regiones central y septentrional»; 3) «Con el estallido en 1914 de la I Guerra Mundial y la actividad de los submarinos alemanes en el Atlántico y el Caribe, se veía seriamente amenazada la navegación y el Canal de Panamá. La isla de Santo Domingo, por su ubicación en la entrada del Golfo de México, era un punto geopolítico de enorme importancia estratégica. Incluso se llegó a rumorar que esos submarinos alemanes se abastecían en las costas dominicanas»; 4) «La vida y las inversiones de los ciudadanos norteamericanos que residían en el país estaban amenazadas por la violenta anarquía en que vivían los dominicanos y, finalmente», 5) «Habría que agregar la importantísima política expansiva del capitalismo norteamericano ya en su fase superior imperialista y sus políticas del Destino Manifiesto, del Gran Garrote y del Dólar», o «Corolario Roosevelt». (*Clío*, ya citada, pp. 7-8).

He querido citar estas cinco falacias, que Cordero Michel llama «falsas causas» que han sido utilizadas hasta hoy por intelectuales dominicanos y extranjeros a fin de explicar las razones que tuvieron los Estados Unidos para ocupar militarmente nuestro país en 1916, porque ellas explican también que los beneficiarios dominicanos de aquella usurpación les traspasaron a sus descendientes el mismo fantasma que les persiguió a ellos desde que apoyaron la Anexión a España. Es decir, sicogenealógicamente hablando, el mismo discurso ideológico y el mismo legado pragmático de aquella clase política que pactó con el invasor y accedió al poder en 1922, 1924 y 1930 y repitió con sus hijos, nietos y biznietos de aquella oligarquía la misma historia durante la segunda intervención militar norteamericana de 1965, copiando exactamente los mismos patrones de conducta en los planos culturales, militares, históricos y políticos de sus descendientes al entregarse por completo a las fuerzas imperialistas de ocupación con la misma desvergüenza con que lo hicieron sus ancestros, con escasas excepciones, por cierto[70].

---

70   Véase los nombres y apellidos de esos descendientes y sus organizaciones (tales la Acción Dominicana Independiente dirigida por el ingeniero Enrique Alfau y el licenciado José Andrés Aybar Castellanos y los comités de reafirmación cristiana, etc.) que apoyaron, en nombre del anticomunismo, la segunda ocupación

Son los mismos nombres y apellidos de 1916-24 que se repiten en la actitud entreguista de las fracciones oligárquicas y burguesas que llamaron a los Estados Unidos en abril de 1965 para que les salvaran del comunismo, según ellos, que se había apoderado del país durante aquel período de la «Guerra Fría y que, como demostró Bernardo Vega, no fue más que un mito, el mismo fantasma que rondó a los políticos entreguistas y colaboradores en 1916-24.

Para Cordero Michel[71], aparte de las variadas causas de la primera ocupación militar norteamericana, tuvo una «causa fundamental», estratégica y políticamente hablando, la económica: «…la expansión de su producción azucarera en nuestro país (1974: 30.» Y él amplía el contexto y significación de su hipótesis primaria: «Cuando ocurrió el desembarco militar norteamericano de 1916, con los marinos vino otra empresa azucarera que fue, en conjunto, la mayor establecida aquí: la West Indies Sugar Company, del grupo Morgan, que instaló todas las unidades productivas que hoy constituyen el Consejo Estatal del Azúcar (CEA), salvo el Central Haina y los pequeños Ingenios Catarey y Esperanza. Esta empresa norteamericana fue la que, con el Central Romana, llevaron a cabo los mayores despojos de tierra contra nuestros campesinos del Este y crearon las bases para la formación de sus latifundios cañeros.» (Revista *Ahora*, ya citada, p. 32).

Y cuando se inició en casi todo el país, pero muy señaladamente en el Este, el movimiento de resistencia guerrillero, los norteamericanos apelaron a la construcción de obras públicas, es decir, carreteras, puentes, escuelas y hospitales como forma de ablandar a la opinión pública y que esta le favoreciera en su estrategia de dominación, primero económica, y luego cultural.

Cordero Michel lo confirma una vez más en la entrevista con Ducoudray y rebate la tesis de los entreguistas dominicanos que siempre han sostenido que los americanos vinieron al país a civilizarnos, tesis que, como ya se vio más arriba, desmienten las novelas de Rafael Damirón y de Horacio Read: «…en vista de la

---

militar norteamericana de 1965, en los documentos del libro de Danilo Brugal Alfau, ya citado.

71   Entrevista con Félix Servio Ducoudray. Revista *Ahora* n.º 557, 15 de julio (1974:30-33).

resistencia que le opuso el pueblo al interventor y, sobre todo, por la oposición armada, los *marines* tuvieron que construir algunas obras de infraestructura, como las carreteras del Cibao, del Sur y del Este, citadas como «las principales obras de civilización» por la clase oligárquica y sus intelectuales ancilares: «Lo que pasa es lo siguiente: que en vista de la resistencia que le opuso el pueblo al interventor, y sobre todo por la oposición armada, los *marines* tuvieron que construir algunas obras de infraestructura, como las carreteras del Cibao, del Sur y del Este, citadas como obras de civilización.» (Entrevista citada, *Ahora* 557, p. 32).

Y finalmente, el autor analiza el rol de las carreteras como un modelo de control militar y político: «Pero tales carreteras no tenían objetivos económicos civilizadores. Su objetivo no era facilitar el transporte de productos a los puertos, ya que el azúcar se fabricada cerca del mar o de los ríos, y los ingenios contaban con las vías férreas necesarias para colocarla en los lugares de embarque. El verdadero móvil de las carreteras fue estratégico-militar, para facilitar el transporte rápido de tropas a cualquier lugar del territorio dominicano en que se amenazara al ocupante.» (Entrevista citada).

Y como cierre de su entrevista de 1974, Cordero Michel aclara el verdadero carácter civilizador de la ocupación militar norteamericana: «Por otro lado, si bien es cierto que los marines construyeron carreteras y uno que otro edificio escolar, no lo es menos que introdujeron en nuestro país la corrupción administrativa a todo nivel, el robo descarado, los métodos brutales de tortura, así como la vida lujosa y dispendiosa. Y ahora yo pregunto, ¿es esto civilizar?» (Entrevista citada). Y como le decía el obispo Alejandro Nouel a su amigo el ministro Russell, esos métodos de corrupción generalizada y brutalidad militar yanqui no se conocían en la sociedad dominicana, pese a las constantes guerras civiles por apoderarse del Estado, único lugar de acumulación de nuestra pequeña burguesía en todos sus estratos y capas.

Los resultados de aquella ocupación militar fue un conjunto de problemas que el lector advertido encontrará en Medina Benet (1974) y las insinuaciones de Sumner Welles (1939), pero que Cordero Michel las jerarquiza en tres tipos de problemas contenidos ya en el plan de evacuación Hughes-Peynado: «En primer lugar, estipulada el reconocimiento de todas las Órdenes Ejecutivas y medidas legislativas del interventor, entre ellas la legislación de tierras; en segundo lugar, la concertación de un empréstito de 25 millones de dólares que incrementó la deuda externa y eterna y, además, prolongó el control norteamericano sobre nuestras aduanas. De hecho, ese Plan mantuvo vigente la Convención Domínico-americana de 1907. Pero quizás el resultado más importante y nefasto del plan de desocupación fue que dejó estructurado el órgano represivo que garantizaría sus intereses: esto es, la Guardia Nacional, que pasó a llamarse Policía Nacional, con Rafael Leónidas Trujillo en ella.» (revista *Ahora*, entrevista citada, p. 33).

Un cuarto resultado o tipo de problema radicó en que el país quedó profundamente sometido a una dependencia de los Estados Unidos que todavía en el siglo XXI sigue vigente y, peor aún, mucho más acentuada, lo que significó la mediatización de la soberanía de la República a partir del 12 de julio de 1924. Pese a que un tratadista como Stephen Krasner (2001) asegura que los países pequeños carecen de soberanía, al menos del tipo de soberanía que tienen las potencias imperiales, Cordero Michel la reivindica: «Pero dejaron [los *marines*, DC] el país atado y dependiendo cada día más del imperialismo norteamericano. La banca norteamericana, el First National City Bank of New York y el capital financiero de los Estados Unidos se quedó clavado en el país. Y de ello se deriva lo que todos sabemos y padecemos: la dependencia política, cultural y militar.» (Revista *Ahora*, entrevista citada, p. 33).

Y como colofón, el historiador afirma rotundamente que luego de la salida de las tropas norteamericanas de nuestro país se incrementó su dependencia de los Estados a través de todos los gobiernos que se han sucedido en el poder, comenzando con Horacio Vásquez hasta el gobierno de Balaguer, momento en que le entrevista Ducoudray en 1974: «A partir de ese momento (...) la República Dominicana ha girado en la órbita de Washington, hasta nuestros días. Los efectos funestos de la Ocupación Militar Norteamericana los estamos viviendo hoy día, tras los largos 31 años de la brutal dictadura de Trujillo, pasando por el lacayismo del Consejo de Estado y del

Triunvirato, hasta la entrega de nuestros recursos naturales por el Gobierno de Balaguer. De todo ese período la única excepción ha sido el corto y derrocado Gobierno democrático de Bosch.» (Revista *Ahora*, entrevista citada, p.33).

Cordero Michel cierra la entrevista que le hizo Ducoudray con un reto y un mensaje de esperanza: «…la verdadera desocupación del país por el imperialismo norteamericano, la plena independencia política y económica de la patria, están todavía por lograrse. Esa sigue siendo la gran tarea de los patriotas dominicanos.» (Revista *Ahora*, entrevista citada, p. 33).

Pero antes de emprender tareas de tipo cultural, y Hato Mayor fue un laboratorio para los invasores, estos se centraron en las tres carreteras que comunicarían las distintas regiones del país, según el diseño y el objetivo militar, no civilizador, como lo confirma Cordero Michel (1974) al citar una Orden General del 29 de octubre de 1921, firmada por el coronel James Carson Beckinridge, comandante de la Guardia Nacional Dominicana, cuyo punto nodal dice así: «Los ingenieros que están trabajando con el Departamento de Obras Públicas en la construcción de carreteras, etc., a través del país, están haciendo un trabajo que es de un valor militar importante como el nuestro; nosotros necesitamos las carreteras y puentes que construyen, más que nadie. Por lo tanto, yo deseo que todo oficial o alistado de la Guardia le extiendan (*sic*) toda clase de generosa y amigable cooperación y ayuda. Así podemos hacer nuestro mutuo trabajo más ligero que de ninguna otra manera.» (Revista *Ahora*, entrevista citada, p. 32).

Encuadrado militarmente el país conquistado, se procede, paralelamente al lanzamiento de la estrategia de asimilación cultural de la población. Sosa Jiménez (1993: 334-335) explica cómo funcionó el plan en Hato Mayor, pequeño laboratorio de prueba ante la amenaza de la resistencia que duró cinco años. Para impulsar su dominación cultural, el usurpador yanqui se auxilió de los antipatriotas criollos: «Crearon, auspiciaron y establecieron sociedad clubísticas (*sic*), deportivas, religiosas, caritativas y de proyección comunitaria que responderían a sus planes de 'familiarizar a los soldados con la población'. (…) La Cruz Roja Dominicana, el Club «Acción Juvenil» (año 1920), el Club de *Base Ball* (béisbol, pelota);

los *Boys Scouts* (niños exploradores); la Iglesia Metodista Libre (protestante)…cumplieron su *función social* de xenofilia y familiaridad; pero solamente en un estrato social urbano. También la actividad boxística, el cine del campo de aviación (con sus filmes en inglés, y que eran traducidos al español por intérpretes»).

Esto mismo, pero con mayor amplitud, llevó a cabo el invasor en la Capital, Santiago y otras ciudades importantes y como colofón político, crearon la Cédula de identidad personal, un mecanismo de control político y quien no la portara consigno la pasaba muy mal si un soldado invasor requería la presentación de dicho documento, en el cual estaba escrito en tinta roja la palabra BAD (malo), asociado al guerrillero o a quien le prestara ayuda, y con la palabra GOOD (bueno), con tinta azul si era un antipatriota que apoyaba la ocupación militar.

Sosa Jiménez (1993: 334-335) concluye con la siguiente aseveración: «En el *orden cultural*, como consecuencia de sus gran desarrollo tecnológico y científico material, los yanquis se sentían superiores a los criollos, y procuraban tener roce social con los más afines a su raza; proclamaban la inferioridad del país y de sus gentes, tratando de influir en sus acólitos para que amen y sigan la cultura del norte continental.»

Aquí también intervino el usurpador yanqui cuando quiso, en virtud de la Orden Ejecutiva 145 que establecía que las clases en la educación pública, así como los ritos de los cultos religiosos debían expresarse en el idioma español como lengua oficial del país intervenido, con lo que se buscaba una homogenización orientada a crear una unidad lingüística como unidad de una nación fantasma. Pero hubo un tipo nuevo de resistencia pasiva, opuesta a la resistencia activa de los guerrilleros del Este y de los nacionalistas agrupados en múltiples juntas a lo largo de todo el país. Esta resistencia pasiva la opusieron los cocolos de las ciudades del Este (San Pedro de Macorís y La Romana), los ingleses de las islas Turcas y Caicos, asentados en Monte Cristi y Puerto Plata, así como los negros de origen norteamericano que en 1825 se asentaron por orden de Boyer en Samaná y campos aledaños. Todos estos inmigrantes hablaban inglés y muy mal el español para aquella época. Hablaban un inglés mezclado con términos asimilados del español y del francés. El culto de origen protestante lo celebraban en el idioma inglés o inglés criollo traído de las islas barloventinas y del Sur de los Estados Unidos y el proceso de escolarización de los hijos de estos inmigrantes se realizaba en escuelas financiadas por su respectiva iglesia, de modo que la enseñanza era en inglés. Otro tanto ocurrió en las ciudades fronterizas (Monte Cristi, Dajabón y Restauración) y los bateyes azucareros del país donde la educación primaria se impartía en francés por maestros haitianos a los niños haitianos nacidos en territorio dominicano y que, constitucionalmente, eran dominicanos, pero no hablaban español.

Esta situación comenzó a tambalearse, según Giner de los Ríos Alfonseca (131, 2011: 609-10) cuando el gobierno militar de ocupación intentó homogenizar la enseñanza de la educación pública únicamente en español: «En el mes de abril de 1918, el contralmirante H. S. Knapp, gobernador militar norteamericano en Santo Domingo, dictó la Orden Ejecutiva 145, que convertía en leyes las recomendaciones acerca de la instrucción pública que le había transmitido recientemente la Comisión de Educación, creada por encargo suyo un año atrás, e integrada por conspicuos intelectuales dominicanos.»

La resistencia pasiva al cumplimiento de esta Orden Ejecutiva por maestros ingleses barloventinos y haitianos no tuvo ningún contenido político en contra de la ocupación militar yanqui, sino que obedeció a un hecho práctico y cultural. Como no hablan español, los maestros adujeron, con toda razón, que no podían enseñarles a esos niños las asignaturas de primaria en nuestro idioma.

Y se planteó entonces lo que Giner de los Ríos Alfonseca (131, 2011: 642) llama «fuerza de negociación» de la comunidad de habla inglesa y francesa con la autoridad estatal, pero los negros samanenses y los barloventinos salieron mejor librados que los haitianos, pues estos últimos carecían de poder, mientras que los primeros fueron apoyados en sus reclamos por los empresarios extranjeros: «...muchas escuelas cocolas se debían a la iniciativa de los empresarios azucareros, y, estos eran, en su mayoría, extranjeros, cosa que seguramente los hizo desestimar el interés dominicanizador de la autoridad escolar. Establecidas en el marco territorial de un poder que actuaba al margen del control nacional, cuya potencia era suficiente para enfrentar cualquier determinación del gobierno nacional en esa y en toda materia, el abrigo del poder desnacionalizador del enclave azucarero dio a las escuelas cocolas de los bateyes la posibilidad aparente de escapar a las pretensiones de control curricular del Servicio Nacional de Instrucción Pública, cuyos Inspectores en San Pedro de Macorís y La Romana interactuaron permanentemente con esas escuelas sin dejar indicios de conflicto en relación con su control».

Claro, no se trató en ningún caso de lucha o rebeldía política de los inmigrantes ingleses y haitianos en contra de la ocupación militar, sino de una u otra posibilidad lingüística, pues tales inmigrantes carecían, al igual que la fuerza de trabajo dominicana, de conciencia política y conciencia nacional, razón por la que Lugo (1916 y 1977) afirmó la inexistencia de la nación dominicana.

El intento del gobernador militar Knapp y del Secretario de Educación, Rufus H. Lane, apoyados por sus colaboradores dominicanos, de imponer por la fuerza de la ley el español como lengua oficial para la instrucción pública desde la primaria fue un gesto burgués para un país precapitalista sin Estado verdadero, sin significación histórico-política, porque incluso cuando Trujillo acomete la labor de dominicanizar la enseñanza pública únicamente en español, obviando la especificidad cultural de los inmigrantes de las islas Turcas, Caicos, Barlovento y Haití, no acomete una tarea propia de un Estado nacional, sino de una dictadura con rasgos precapitalistas que se sostiene conforme a unos criterios clientelistas y patrimonialistas y una violencia estatal llevados a un grado extremo.

De la misma manera que la pequeña resistencia pasiva de los inmigrantes a enviar sus hijos a la escuela dominicanizada fue un gesto de «clientelismo espiritual»[72], no una lucha para enfrentar la

---

72 Expresión pintoresca del Informe enviado por el Inspector del Distrito Escolar n.º 15, de San Pedro de Macorís en junio de 1919, donde se refiere los obstáculos al cumplimiento obligatorio de la enseñanza a los hijos de los cocoles de las materias comunes de la educación primaria en idioma español en las escuelas de los cocolos, las cuales se impartían en inglés por maestros que hablaban esa lengua.

ocupación militar norteamericana, de la que posiblemente muchos de esos inmigrantes eran partidarios. Hay que recordar aquí que una política de homogenización lingüística impuesta por la violencia no dio resultado ni en la Francia de Luis XIV y Napoleón ni en ningún otro Estado, capitalista o no. Lo prueba palmariamente Suiza, país donde se habla alemán, francés, italiano y tirolés, demostración palpable de que el idioma no es un rasgo específico de un Estado nacional.

La enseñanza obligatoria de la instrucción pública en español es un gesto de violencia política estatal exitosa ejecutado por la dictadura de Trujillo que impuso este idioma como oficial, pero los inmigrantes samanenses, turquilanos y cocolos siguieron hablando inglés y francés, aunque sus hijos fueron posteriormente escolarizados en español, lo que significó para todos ellos el acceso a la Universidad y a los puestos burocráticos del Estado clientelista y patrimonialista hasta el día de hoy. Y esto, independientemente de la «limpieza lingüística y racial» que desembocó en la matanza de haitianos en la frontera y el Cibao en 1937, como la analiza muy bien Giner de los Ríos Alfonseca a todo lo largo de su ensayo, pero a mi juicio dicha matanza tuvo más bien un alto componente económico y político en primera instancia, menos que cultural, como ampliación del mercado interno dominicano hacia Haití, y el afianzamiento de la hegemonía y control del gobierno haitiano por parte de la dictadura trujillista, dominación que pasaba ineludiblemente a través de un control territorial. Semejante control territorial formaba parte del proyecto de acumulación originaria de Trujillo y la camarilla que él enriqueció a cuentagotas y que le apoyó desde 1930 y le fue fiel más allá de la muerte.

El impacto del cine norteamericano
y situación del cine dominicano

El nacimiento del cine dominicano comienza con la filmación de tres películas por Francisco Palau: « *Leyenda de Nuestra Señora de Altagracia*, estrenada en el teatro Colón el 16 de febrero [de 1923], *Las emboscadas de Cupido*, estrenada en el Colón e Independencia el 19 de marzo de 1924, y el documental *La*

República Dominicana.»[73], independientemente de que cineastas extranjeros hayan filmado antes películas en nuestro país, como fue el caso de Rafael Colorado, boricua, que filmó en 1915 el documental sobre la visita al país del patriota independentista José de Diego y, posteriormente, en agosto de 1922, el documental sobre la coronación de la Virgen de Altagracia (Sáez SJ,196-97), patrocinado por la Iglesia católica y el nacionalismo de la pura y simple que combatía la ocupación militar norteamericana. Todas las actividades de exhibición de aparatos cinematográficos, construcción de salas de cine y proyección de películas extranjeras en el país desde 1859 hasta 1922, deben ser consideras como los antecedentes históricos del cine en la República Dominicana.

Clausurado en febrero de 1930 el proyecto político liberal de bolos y coludos, en el dilatado período de la Era de Trujillo solo se filmaron documentales sobre los fastos del régimen, sobre todo a partir de 1952 cuando se inauguró la primera estación de televisión en el país, La Voz Dominicana. Hubo filmación de películas por cineastas dominicanos, pero en el extranjero, como fue el caso emblemático de Oscar Torres, un enemigo de la dictadura trujillista, que realizó «en Cuba el cortometraje *Tierra olvidada* en 1960, y un año después, *Realengo 18.*» (Sáez SJ, 199). Antes de la dictadura, solo se filmaron en el país en 1928 documentales «sobre el Carnaval, otro sobre el gobierno de Horacio Vásquez, y un tercero sobre la llegada de Charles Lindbergh (4 de febrero), que se estrena en el Colón el 19 de marzo.» (Sáez SJ, 199). Y en 1930, «David Oliver filma un reportaje sobre el gobierno de [Rafael] Estrella Ureña, para Pathé Sound News. Es la primera película sonora filmada en el país.» (Sáez SJ, 199).

Después vino el erial. Y hubo que esperar la decapitación de la dictadura para que, por primera vez, se filmara en 1962 la cuarta película dominicana con las condiciones de la necesaria libertad del arte y la literatura: «Franklin Domínguez y Clark Johnson realizan en Estados Unidos *La silla*, estrenada en Santiago el 26 de enero

---

73   José Luis Sáez, S. J. *Historia de un sueño importado. Ensayos sobre el cine en Santo Domingo.* Santo Domingo: Siboney/Taller, 1983, p. 197. Abrevio esta obra así: Sáez S.J., seguido del número de la página.

de 1963.» (Sáez SJ, 199). A partir de esa fecha hasta el día de hoy, despega de nuevo la realización de documentales y películas estrictamente dominicanas. Entonces, ya que supuestamente ninguna democracia coarta la libertad de expresión y difusión del pensamiento, ¿cuáles razones explican que, de 1962 hasta hoy, 2016, luego de decapitada la dictadura, los cineastas criollos que viven en el país y los que viven en el extranjero no hayan podido convertir un mensaje verbal (guion, etc.) en obra artística de valor cinematográfico? Nuestros directores y directoras han visto, sin duda, en la pantalla grande, antes, durante y después de realizar sus estudios de cine, las mejores películas de calidad del mundo entero, incluidos los países paradigmáticos en materia de invención fílmica: Francia, la ex Unión Soviética, Estados Unidos, Alemania, Inglaterra, Italia y Suecia, por citar solamente este grupo de naciones.

¿Y cuál ha sido de aquella fecha a hoy la historia del cine dominicano en cuanto a calidad artística?

Prescindiendo de ensayos como *La silla* -1962- (Domínguez-Johnson), *Un pasaje de ida* -1988- (Agliberto Meléndez) o *El círculo vicioso* -1998- (Nelson Peña) o las dos películas de Oscar Torres mencionadas *supra*, aunque es una obra de cine estrictamente cubano por su forma-argumento, actores, cámara-montaje, guion, *topos* geográfico, lenguaje-historia-y ritmo, locación y estudios, donde solo el conocimiento técnico era , si puede decirse, propiedad del director, entrenado en Puerto Rico, Cuba e Italia, no podría decirse lo mismo en un cien por ciento del filme *El círculo vicioso*, aunque es pertinente acotar que la técnica cinematográfica de Nelson Peña y la mayoría del elenco actoral y técnico de los sujetos que intervinieron en la realización del filme, se formaron en los Estados Unidos.

¿Por qué nuestros directores estrictamente criollos, que no se han formado en el extranjero, no han podido escapar de la realización de filmes melosos, tipo charros mexicanos o cantinfladas, de visión grotesca y devaluada del país y los personajes ficticios que encarnan a los sujetos de las distintas clases sociales dominicanas? ¿Por qué esa mala calidad de la imagen, el color y el montaje en filmes que no llegan a la escala de coherencia de los culebrones o telenovelas latinoamericanas hechas en México, Colombia, Venezuela, Brasil o

España? ¿Por qué ni siquiera a nivel de la oralización del lenguaje cotidiano de los dominicanos, nuestros directores y guionistas no han podido salir de la imitación del coloquialismo chabacano de las clases populares y no se ha elevado siquiera al registro verbal estándar o de clase media, como lo han logrado los culebrones mexicanos, venezolanos, colombianos y españoles?

¿Por qué en vez de imitar lo peor del cine extranjero grotesco y devaluador a través de los discursos de personajes no menos grotescos que utilizan el humor para degradar a las clases sociales, no plagian esos directores a los grandes directores universales y sus filmes de calidad que harto estamos de verles desde el nacimiento del cine en 1895? ¿Por qué no imitar mejor a Eisenstein, Bergman, Truffaut, Godard, Chabrol, Rossellini, Chaplin, los hermanos Marx, Orson Welles, Kubrick, Hitchcock, Woody Allen, Pasolini, De Sica y Fellini?, por citar unos cuantos. O, ¿por qué no seguir los pasos de Luis Buñuel y su etapa mexicana?

He oído a algunos justificar esta ausencia de calidad basados en el hecho de que los productores no invertirían en filmes de calidad porque, dado lo estrecho del mercado nuestro y la falta de cultura cinematográfico de los dominicanos, nadie pagaría por asistir a una sala de proyección a ver semejantes películas y que a este tipo de obras solamente asistiría una minoría que no llega a las 200 personas.

O, definitivamente, para cerrar estas disquisiciones, ¿no serán capaces nuestros directores y guionistas de superar los ensayos fílmicos de Jean-Louis Jorge, de calidad parsimoniosa, por cierto, de sus dos obras *Las serpientes de las lunas de los piratas* (1973) y *Melodrama* (1975), espigando una frase de Roland Barthes? ¡Cuántas novelas dominicanas, cuentos, poemas, episodios históricos como la rebelión de Roldán, la lucha de los indios (Enriquillo, Tamayo, Caonabo, etc.) contra los españoles y franceses (1691), los levantamientos de negros en los ingenios, la derrota de Penn y Venables, la epopeya hatera de Sánchez Ramírez y sus conflictos con Ciriaco Ramírez, Hubert de Franco y solapadamente con Núñez de Cáceres y el episodio de la conspiración de los italianos, la primera independencia de la parte oriental de la isla encabezada por Núñez de Cáceres y la indagación de por qué fracasó, las guerras de independencia de 1844 a 1855, la guerra de la Restauración, la lucha contra Lilís y su secuela del magnicidio en Moca en 1899, la resistencia urbana y campesina a la ocupación militar nortea- mericana en 1916-24 y 1965 dirigida por el coronel Caamaño y otros militares prominentes al lado de los comandos constitucio- nalistas, el golpe de Estado contra Juan Bosch, el desembarco de Playa Caracoles, el tema de la represión y la lucha política contra el autoritarismo de Balaguer, ligar el tema del desembarco del 14 de junio de 1959 con la fundación del movimiento revolucionario del mismo nombre y su lucha en las montañas de las Manaclas.

¿Por qué, a pesar de todas estas gestas, el pueblo dominicano no encuentra su camino?

En las artes visuales: pintores
de la época residentes en el país o en el extranjero

De todas las Órdenes Ejecutivas decretadas por el gobierno militar norteamericano, la más mortífera fue la de la censura previa a todo texto escrito producido con fines de publicación (libros, periódicos, revistas, etc.) donde se ataca a la ocupación militar del país y al gobierno de los Estados Unidos. Pero, además, semejante ley se extendía a la libre expresión y difusión del pensamiento si tal difusión tenía como finalidad criticar, a través del discurso oral, dicha ocupación militar y al gobierno que la decretó en violación a todos los tratados internacionales y a la libre determinación de los pueblos a escoger su gobierno.

La ley de censura fue más mortífera para el sujeto dominicano que la ley de desarme general de la población, pues uno de los atributos de un Estado soberano es el monopolio de la violencia y no hay, modernamente, ningún Estado burgués donde esto no se aplique y los ciudadanos de esos países capitalistas tienen bien internalizada esa disposición legislativa, por lo que su acatamiento no causa problemas de rebelión política en contra de esa medida.

Pero lo que sí atañe al sujeto de manera directa es el cercena- miento del derecho a la libre expresión y difusión del pensamiento. Y, sobre todo, tal cercenamiento es mortal para las artes y la lite- ratura, espacios semióticos y lingüísticos donde se expresan con el máximo de apertura la crítica al Poder, sus instancias y a las ideologías de época. Incluso, una de las primeras víctimas de esta criticidad son las propias artes visuales y literarias.

Por esta razón, uno de los golpes de gracia más contundentes a las prácticas artísticas y a los discursos políticos y literarios lo sufrieron la pintura, el periodismo, la caricatura, la oratoria y la literatura.

Si se examinan las obras de los pintores durante el período que va del 29 de noviembre de 1916, fecha de la proclama de la intervención militar norteamericana, al 12 de julio de 1924, día de la salida de las tropas norteamericanas de nuestro país, no aparece, salvo error de mi parte, un solo cuadro de pintura que aluda, y menos que critique, la situación ilegal de la ocupación militar yanqui, situación que no ocurrió, por ejemplo, con el poema, la caricatura, la oratoria y el periodismo, pese a las severas sanciones, prisión y castigos que las cortes prebostales infligieron a los dominicanos y extranjeros que osaron criticar la ocupación militar yanqui y al gobierno de los Estados Unidos.

Efectivamente, al referirse a ese período de la ocupación yanqui, sobre todo a partir de 1920, Danilo de los Santos afirma lo siguiente: «Fuera de una cultura militarista, en función de los mercados comerciales y políticos llamados a reforzar el pragmatismo del Coloso del Norte, no es rápidamente efectiva la impronta que impone. A nivel local, la ocupación del 1916-1924 no influyó decididamente ni en la conciencia cultural de la colectividad ni muchos menos en las artes, porque todavía los gustos, los patrones y las referencias que así emulaba la élite de la sociedad procedían de Europa.»[74]

Esta aseveración debe ser matizada, porque vimos, *supra*, la influencia y modificación de los gustos dominicanos provocados por la cultura norteamericana en la música (*one-step. fox-trot*, etc., las diversiones, la proyección de películas norteamericanas, las fiestas en los clubes y a bordo de los barcos invasores, los deportes

---

74   En *Memoria de la pintura dominicana. Impulso y desarrollo moderno, t. 2*. Santiago: Grupo León Jimenes, 2003, p. 9. Abreviado así *Memo*, seguido del número de la página.

como el béisbol que recibió un gran impulso, la introducción del juego de tenis, los *picnics*, palabra que sustituyó al vocablo *gira*, los baños en las playas donde también influyó una modalidad nueva del uso del traje de baño. Como el ocupante yanqui dejó en su cargo a la mayoría de los burócratas que trabajaban en los gobiernos caídos de Jimenes y Henríquez y Carvajal, lo que significó, como política sabia, el comprometer la adhesión, *velis nolis*, de esa burocracia al nuevo régimen militar y a través de ella, legitimar la persecución de los dominicanos que se oponían a la intervención, como el caso patético de Emilio Prud'homme, quien instrumentó la acusación a Desiderio Arias por «haber dispuesto de dinero público mientras ejerció su cargo» y del hijo del patricio Sánchez, Juan Francisco (Papí), que, en su calidad de gobernador militar de la provincia Santo Domingo, intimó a los directores de medios a cumplir con lo estipulado en la Orden Ejecutiva que establecía la censura previa, tal como consta en la obra de Blanco Fombona[75].

Es cierto lo que dice De los Santos en el sentido de que los patrones culturales del nuestro país fueron hasta 1917, europeos. El presidente *de jure* Henríquez y Carvajal, Américo Lugo, los médicos dominicanos que se doctoraron en París (Alfonseca, Delgado, Grullón, Alfonseca, Alardo), los artistas que estudiaron en París, Arturo Grullón, Jaime Colson y el poeta Tomás Hernández Franco que bebió de las vanguardias francesas del momento, cubismo

---

75   En su libro ya citado, *Crímenes del imperialismo norteamericano*, pp. 17-19, Sánchez recibió órdenes del Mayor H. I. Bears, Comandante de las fuerzas de ocupación, a fin de que el funcionario dominicano hiciera cumplir la ley de censura a la prensa, que no la observaba, y el hijo del patricio, en un juego de tira y afloja, le echa la culpa al militar yanqui para, como Pilato, abdicar su responsabilidad ante los directores de medios, pues él creía que vivía en una democracia donde se respetaban los derechos humanos. Dice el hijo del patricio a los directores de medios: «No siendo posible sacar la discusión del círculo vicioso en que la mantenían la comunicación del Mayor Bears y mi argumentación, más o menos ampliada, pero inmediatamente contrariada con la amenaza, pusimos término a la conferencia (…) Doy cuenta a usted de lo acaecido, y espero que la gravedad de este asunto, lo hará reflexionar con toda la madurez del caso. El Gobernador, Juan Francisco Sánchez.» (P. 118). Implícitamente les pide a los directores de medios que cumplan con la ley de censura. Pero no renunció del cargo ni se sumó a la lucha contra el yanqui invasor, como hicieron los dominicanos dignos.

y luego surrealismo; Enrique García Godoy estudió en Italia y Celeste Woss y Gil estudió en Nueva York, fueron pruebas vivientes de ese aserto, pero en ocho años todo eso cambiaría, hasta el día de hoy.

De los Santos termina por confirmar mi percepción, pues reconoce que no solamente la tecnología norteamericana cambió los patrones europeos (automóviles, camiones, puentes, electrodomésticos, bicicletas, motocicletas, etc.), sino también, pese a la hegemonía de los modelos europeos, «la ocupación del 1916-1924 marcó el acelerado inicio de la reorientación pro-norteamericana al crear el poder intervencionista los amarres económicos e ideológicos que doblegaron la conciencia y la voluntad de los dirigentes criollos.» (*Memo, ibíd.*, p. 9).

En el plano cultural, la intervención militar norteamericano apoyó las prácticas artísticas, religiosas e informativo-ideológicas que venían a reforzar su dominación. Y el ejército de agentes secretos, delatores y colaboracionistas a lo largo y lo ancho del país se encargó de vigilar y castigar a cualquier disidente. Tal como le sucedió al caricaturista Oscar S. Marín, según lo consigna Emilio Rodríguez Demorizi al dar cuenta de un suelto publicado en el *Listín Diario*: «'Desde ayer ha sido internado en la Cárcel Pública de esta ciudad, por orden del Preboste Militar[,] el joven Artista, Profesor Oscar S. Marín, maestro de dibujo y pintura de la Academia de Dibujo, Pintura y Escultura de esta ciudad, hasta hace poco, acusado de haber pintado el cuadro caricaturesco *El tío Sam y Concho Primo*, que exhibió el cochero Mayía en su coche de línea, el 27 de febrero último, con el propósito de entrar en el concurso de vehículos adornados.»[76] Pero si fuera cierto que para

---

76   En *Caricatura y dibujo en Santo* Domingo. Santo Domingo: Taller, 1977, nota 7, p. 9. Como lo hizo el hijo del prócer Sánchez, el periódico *Listín Diario* del 12 de marzo de 1921 jugó al ingenuo, al defender a Marín: «'Como no creemos que haya ofensa en la caricatura que motiva este proceso y que no cae bajo las restricciones de la orden ejecutiva que suprime la Censura, no nos explicamos este procedimiento drástico contra el joven artista señor Marín, y pedimos y esperamos sea rectificado y se devuelva la libertad al joven Profesor'.» (Obra citada, nota, 7, p. 9). Rodríguez Demorizi no nos informa cuál fue la suerte corrida por Marín, juzgado y condenado por orden del Preboste Militar, pero sí nos informa de otro gran caricaturista: «Durante el período de la Ocupación Militar, de 1916

esa fecha de la caricatura de Marín ya la censura había sido atenuada, talvez formalmente, no se explica esta detención y juicio contra el acusado y por algo no se publicaron hasta la salida de las ropas de ocupación dos novelas como *Ay de los vencidos!*, de Damirón, y *Los civilizadores*, de Horacio Read, como tampoco hubo exhibición de pinturas que ridiculizaran a los ocupantes y su ideología.

Ningún pintor, caricaturista, diseñador de portadas de revistas (Enrique Tarazona, Gimbernard, Nino Ferrúa, Eolo (seudónimo del dibujante Manuel Catalán), o José María Peralta se atrevió a cruzar la línea de la censura impuesta por el gobierno militar yanqui. Y había varios famosos: Abelardo Rodríguez Urdaneta[77], Juan Bautista Gómez, García Godoy, Yoryi Morel, Colson, Xavier Amiama, etc. Los desnudos de Woss y Gil, «Joven mulata con vestido rosa» y las dos negras del mercado, así como sus desnudos femeninos y los de García Godoy obedecen a la misma ideología naturalista, pero habría que determinar si los rasgos cuestionadores, en caso de existir, funcionan como transformación semiótica del arte pictórico para la cultura-sociedad dominicana y no como crítica a la ocupación militar. Las portadas de algunas revistas sugerían simbólica y sutilmente el repudio de la ocupación militar; pero *Letras*, del venezolano

---

a 1922, en la República en eclipse surgió un valiente y consumado caricaturista [junto con Ramón Mella, [*Walter*] que contribuyó a estimular a los dominicanos en la causa de la liberación del país: Bienvenido Gimbernard. Basta decir que fue de los forjadores de *Concho Primo*, nuestro *Tío Sam*, tipo representativo del pueblo dominicano.» (Obra citada, p. 9). El propio Rodríguez Demorizi, al definir la caricatura, define su impacto semiótico contra el poder y la ideología del usurpador yanqui o de cualquier usurpador político: «La caricatura, representación plástica o gráfica de una persona o de una idea, bajo su aspecto ridículo o grotesco, cuya fuerza estriba en los elementos más característicos de la persona, idea o cosa representada, existe desde los albores de la humanidad.» (obra citada, p. 7). La introducción a esta obra de Rodríguez Demorizi es la misma que se encuentra en *Pintura y escultura en Santo Domingo*. Santo Domingo: Julio D. Postigo e hijos, Colección. Pensamiento Dominicano, 1972, pp.137-166.

77   Jeannette Miller, en su libro *Importancia del contexto histórico en el desarrollo del arte dominicano*. Santo Domingo: Secretaría de Estado de Educación Superior, Ciencia y Tecnología, 2006, p. 23, trae la curiosa noticia de que Rodríguez Urdaneta (1870-1933) diseñó «relieves y carteles antinorteamericanos», pero sin documentar en su obra semejante afirmación.

Horacio Blanco Fombona, fue brutalmente cerrada y su director fue a parar a la cárcel y luego deportado del país y es en México donde da a la luz pública su libro *Crímenes del imperialismo norteamericano*, por el único delito de haber publicado en aquel medio la foto del campesino Cayo Báez en la que se mostraban las cicatrices enormes de un hombre torturado con hierro candente por los usurpadores yanquis y sus cómplices criollos, foto que se volvería mundialmente famosa como un yo acuso al usurpador.

Con respecto a la crítica a la ocupación militar yanqui, el libro de José Mercader[78] reproduce lo anotado por Rodríguez Demorizi acerca de Jacinto Gimbernard y su Concho Primo, pero trae, en cambio, un gran número de caricaturas del período de la ocupación hasta 1930. La obra tiene el mérito de reunir, en un solo espacio, la mayoría de las caricaturas ajenas y las del propio Mercader y, además, como un valor agregado, las de los extranjeros, españoles refugiados o no las de otros que dejaron su huella en periódicos, revistas y libros dominicanos.

En el ámbito de la fotografía, la censura no pudo controlar las fotos que publicaban periódicos y revistas para ilustrar las noticias que daban cuenta de las manifestaciones de protesta celebradas por las organizadoras de la Semana Patriótica en el parque Colón en 1920 y por las juntas nacionalistas del interior y del extranjero en contra del invasor.

Esto explica que tales fotos sobrevivieran a la ocupación militar y que a un siglo de aquel acontecimiento que eclipsó la soberanía del país, muchas de ellas hayan sido exhibidas en las exposiciones organizadas por el Archivo General de la Nación o que ilustren libros donde se analizan las razones y las causas de aquel hecho luctuoso.

Por su parte, Jeannette Miller documenta el papel de la fotografía, artística o comercial, durante el período de la ocupación militar yanqui: «La primera intervención norteamericana que dura desde 1916 hasta 1924, hace uso de la fotografía como registro de lo que acontecía aportando avances técnicos a los medios fotográficos; en

---

78   *Historia de la caricatura dominicana, t. I.* Santo Domingo: Archivo General de la Nación, 2012.

otro sentido, estimula la fotografía-documento-denuncia en los fotógrafos trashumantes —extranjeros y dominicanos— que plasmaban grupos de insurrectos y levantados, hechos claves relacionados con la oposición, además de las personalidades políticas, artísticas y literarias que se oponían a la invasión.»[79]

Frente a la foto de estudio, retocada, complaciente, empática, se levanta la fotografía de los guerrilleros del Este, rudos y de rostros circunspectos, mal vestidos, que no solamente actúan en contra de la ocupación militar norteamericana, sino también que emprenden acciones puntuales en contra de los intereses azucareros de los centrales propiedad de norteamericanos o de colaboradores dominicanos que tienen bodegas y otros bienes al servicio del usurpador.

Están documentadas las fotos de las grandes movilizaciones de la Semana Patriótica y de las juntas nacionalistas en la Capital y el resto del país, muchas de las cuales figuran en las obras de cronistas como Ramón Emilio Espínola[80] y las de historiadores como Roberto Cassá[81], Edwin Espinal Hernández[82], Bernardo Vega[83], Jaime de Jesús Domínguez[84], Franklin Franco Pichardo, Orlando

---

79   En *Historia de la fotografía dominicana., t. I. 1851-1961*. Santo Domingo: Grupo León Jimenes, Colección. Centenario, 2010, pp. 46-47. En nota 19, al calce (p. 248), Miller consigna dos establecimientos donde, en 1918 y 1921, en plena ocupación militar, se vendían diferentes tipos de cámaras Kodak anunciadas en la revista *Letras*.

80   *Remembranzas. Crónicas de la ocupación 1916-1924. La era de los Estados Unidos*. Santo Domingo: Argos, 2016.

81   «Movimientos sociales durante la intervención militar norteamericana en [la] República Dominicana». Revista *Ecos* n.° 8 (1998); y, véase del mismo autor *Historia económica de la República Dominicana, t. 2*. Santo Domingo: Alfa y Omega, 1980, pp. 211-242.

82   *Historia social de Santiago de los Caballeros*. Santo Domingo: Fundación Manuel de Jesús Tavares Portes, 2005, p. 310 trae una foto de dos oficiales norteamericanos junto a algunos colaboradores dominicanos.

83   *Más imágenes del ayer*. Santo Domingo: Centenario de Brugal y Co., 1988; y, algunas en *Trujillo y el control financiero norteamericano*. Santo Domingo: Fundación Cultural Dominicana, 1990.

84   *Historia dominicana*. Santo Domingo: ABC, 2001.

Inoa[85], José C. Novas[86] y la gran colección de fotos con la temática de la ocupación militar del 1916-24 que reposa en el Archivo General de la Nación, algunas de las cuales han sido exhibidas en paneles de gran formato al conmemorarse el centenario de la evacuación de las tropas yanquis, fotos que servirán siempre para mantener viva la memoria de aquel hecho infame y que el pueblo dominicano no debe jamás olvidarlo.

El carnaval y el gagá

La celebración del carnaval en Santo Domingo es tan vieja como la colonización de la isla por los españoles y el establecimiento del gobierno de Nicolás de Ovando.

Aunque sufrió altibajos en todo el devenir histórico, pues unas veces se celebraba con exageración y otras con moderación; en cambio, en otras ocasiones fue literalmente prohibido por decreto real.

Pero nunca murió del todo el carnaval. La lógica de su existencia se debatía en la máxima apertura cuando gobernaban funcionarios corruptos, indiferentes o medio libertinos, en cuyo caso hasta los curas participaban. En otras ocasiones, las clases populares, los esclavos y los barrios se desbordaban, pero siempre hubo un dualismo en la celebración del carnaval: la separación de las clases sociales altas con relación a las clases subalternas. Pero el carnaval fue siempre, incluso durante la dominación francesa y la haitiana, lucha por abrirse paso la marea popular con sus críticas, blasfemias e igualitarismo tipo la Europa medieval, pero igualitarismo que terminaba el día del fin del carnaval y todo el mundo volvía a ocupar su lugar. Es así con el carnaval es también catarsis, liberación del estrés a que sometían las clases gobernantes de la Colonia a los súbditos; y a los primeros, la Corona.

Así nos encontró el carnaval con el nacimiento de la República, la Anexión a España y la gesta restauradora hasta remontarnos a la primera ocupación militar norteamericana y el fin de la Tercera República. Pero siempre, incluso hasta hoy día, con la ideología

---

85   *Historia dominicana.* Santo Domingo: Letra Gráfica, 2013.

86   *La lucha nacionalista contra la ocupación militar norteamericana 1916-1924.* Santo Domingo: Argos, 2016.

eurocéntrica y la herencia de España, tal como lo explica Dagoberto Tejeda Ortiz (2008: 93): «Las elites de la ciudad de Santo Domingo y Santiago de los Caballeros realizaban bailes exclusivos de carnaval en sus clubes sociales, siguiendo la tradición colonial de espacios exclusivos y excluyentes.»[87]

El investigador realza que, a partir de la Restauración, el carnaval recibió un impulso nuevo: «El triunfo de la Restauración contribuyó a desarrollar, además, una conciencia nacionalista, patriótica, donde el carnaval pasó a ser parte de las celebraciones a nivel popular.» (*Carnav.*, 94).

Tan es así que Tejeda Ortiz documenta que el presidente Ulises Heureaux participó con algunos de sus ministros en uno de estos carnavales, específicamente el de San Andrés, llamado carnaval de agua, y el autor apela a una cita de Francisco Veloz Molina en su libro *La puerta de la Misericordia y sus contornos* a fin de describir lo que le ocurrió al dictador con unas damas (*Carnav.*, 95), pero lo importante, y basta con decirlo, fue que tanto Lilís, como Mon Cáceres y Juan Isidro Jimenes apoyaron estas manifestaciones populares que les servían casi siempre, en tiempos de crisis, a fin de legitimarse ante el pueblo, pero siempre con un control político discreto en medio del desborde y regocijo popular, e incluso en unos de estos carnavales la hija del presidente Jimenes «resultó electa» Reina del carnaval. Dice Tejeda Ortiz: «El último gran carnaval en la ciudad de Santo Domingo en esa época, se celebró en febrero de 1915, cuando la reina del mismo fue la hija de Juan Isidro Jimenes, entonces presidente de la República, siguiendo la práctica presidencial de participar en esta manifestación cultural.» (*Carnav.*, 111). Estamos a las puertas de la primera ocupación militar yanqui. ¿Cuál fue el destino del carnaval dominicano? Como ya se dijo, *supra,* que las primeras tropas norteamericanas entraron al país en mayo de 1916 y que el 29 de noviembre se produjo la proclama que declaró ocupado militarmente el país y se inició así lo que Tejeda Ortiz (*Carnav,* 112) llama «una dictadura militar, que duró ocho años (...), gobernando por decretos (Órdenes Ejecutivas) militares,

---

87 En *El carnaval dominicano: antecedentes, tendencias y perspectivas*. Santo Domingo: Instituto Panamericano de Geografía e Historia, Sección Nacional Dominicana. Abrevio así esta obra: *Carnav.*, seguido del número de la página.

reformulando el país en función de sus intereses, fundamentados en su dominio político, sus estrategias militares, sus inversiones y sus mercados, dentro de una racionalidad capitalista, con dimensiones de dependencia y de un desarrollo geopolítico neocolonial (...) dejando una estructura política-militar-económica que controlara sus intereses sin la necesidad de que estuvieran físicamente presentes, a través de los mecanismos de la dependencia y de tener lacayos-marionetas, realidad que relativamente todavía se mantiene, y que trajo como resultado la implantación de la dictadura trujillista» (*Carnav.*, 112).

Con semejante estructura, el impacto cultural sobre todas las prácticas artísticas, literarias y periodísticas de la intervención militar yanqui fue absolutamente eficaz y relativamente fácil porque con las dos Órdenes Ejecutivas estratégicas, la del desarme general y la de la censura previa, acompañadas de juicios en las cortes marciales, fue suficiente para dominar y domesticar a la sociedad dominicana. Dominación a la que contribuyó significativamente el elemento nativo de la élite económica y política criolla, así como el auxilio de un ejército de colaboradores encabezado por la burocracia criolla que el invasor, astutamente, confirmó en su respectivo cargo público, eliminando de paso a los adversarios que osaron protestar públicamente en contra la ocupación.

Otros colaboradores muy eficaces fueron los espías, delatores, guías o prácticos de caminos, que contribuyeron a que la ocupación fuera todavía más letal. A este propósito, el impacto cultural sobre el carnaval, tal como se practicó desde la época de la Colonia y la república, fue demoledor, tal como lo consigna Tejeda Ortiz (*Carnav*, 112): «Dado que el carnaval es un espacio colectivo popular, crítico, fue restringido y prácticamente eliminado por los norteamericanos como expresión callejera o de salón durante la ocupación, por miedo a la denuncia y a las críticas, en una manifestación que no podían controlar y que se les podía ir de la mano, dado el anonimato de las máscaras y la esencia popular subversiva de convocatoria masiva que tenía. Aun así, en las pequeñas muestras que surgían se registraron esporádicas expresiones de repudio a la ocupación y a la presencia de las botas norteamericanas en nuestro país.»

Aunque el investigador no cita la fuente de donde toma los ejemplos que ofrece en páginas 113 y 114 de su obra citada, las críticas solapadas o abiertas de los poetas populares del carnaval que circularon con atribución de nombres (Sampol, posiblemente corruptela de Saint-Paul, Algá y Califé, otro compositor de coplas satíricas a la ocupación militar), la verdad es que ya era demasiado tarde, pues la estructura política-militar-económica emplazada por el invasor preludiaba y contenía, en el plan de evacuación Hughes-Peynado, la dictadura comisaria provisional[88] de Juan Bautista Vicini Burgos y una vez que un poder militar interventor destruye la soberanía de un país, el primer paso, luego de consolidada la ocupación, es la instauración de una dictadura comisaria encargada de celebrar «elecciones libres» a fin de legitimar al vencedor de tales comicios y prolongar así la ocupación misma, como sucedió con el gobierno de Horacio Vásquez y su rápido reemplazo, mediante un golpe militar del *marine* Trujillo, formado y elevado a la jefatura de la Guardia Nacional Dominicana por el usurpador yanqui a fin de continuar la dominación imperialista sin la presencia física de las tropas de ocupación, fuente eterna de rebeliones y revueltas.

¿Cuál fue el destino histórico del carnaval dominicano y de la religiosidad popular durante la dictadura del *marine* Trujillo? El dictador siguió la política de sus colegas que le antecedieron en el poder. Apoyó siempre el carnaval como una forma de legitimarse en el poder, pues el origen de ese poder fue un golpe de Estado al «orden constitucional», surgido de la dictadura comisaria, al que siguió el repudio de las clases tradicionales y aristocráticas dueñas del viejo proyecto de bolos y coludos clausurado por Trujillo. Pero también el dictador fue el gran manipulador del carnaval y usó todos los recursos de la estructura represiva para vigilar y castigar a los sectores, populares o no, que se sirvieran de este acontecimiento para subvertir los cimientos políticos e ideológicos del régimen. Todavía con el control absoluto de la sociedad, en febrero de 1933, Trujillo apoyó a la reina Clara Aurora I y la manipuló a su antojo

---

88   Esta noción es usada por el sociólogo y politólogo alemán Carl Schmitt en su obra *Teología política*. Madrid: Trota, 2009. A partir de Schmitt se utiliza dicho término para los estudios de casos como el descrito con el sucedido político Vicini Burgos-Horacio Vásquez-Trujillo analizado en este trabajo.

para congraciarse con los sectores aristocráticos que le adversaban desde las sombras.

Pero 1937 patrocinó la elección como reina del carnaval de Lina Lovatón, una mulata, al decir de Tejeda Ortiz, a quien luego hizo su amante y procreó dos hijos con ella, y cuenta Emilio Rodríguez Demorizi, citado por Tejeda Ortiz (revista *Ahora* 1080 (1985: 5-6) «que el derroche fue tal, que en medio de las serpentinas, carrozas y confetis fueron lanzadas monedas de oro» en el transcurso del desfile de su reinado y, ya en el declive de la dictadura, Trujillo eligió a su hija, Angelita Iª reina del carnaval de 1955, el cual coincidió con la celebración de la Feria de la Paz y Confraternidad del Mundo Libre, una especie de despedida de la *ubrys* que significó aquel régimen.

Tejeda Ortiz resume así la suerte del carnaval durante la dictadura totalitaria: «Cuando la dictadura trujillista entró en declinación [junio de 1959 a mayo de 1960, DC], disminuyó la pomposidad de los carnavales de salón, pasando a desarrollar con sus aparatos represivos, mecanismos de control, supervisión, vigilancia y represión del carnaval callejero, porque el pueblo comenzó a utilizar la impunidad del carnaval para protestar subliminalmente y para hacer acciones subversivas, como era el ajuste de cuentas con *calieses*, y otros confidentes del régimen repudiado por el pueblo.» (*Carnav*, 120).

De igual modo, el autor agrega que Trujillo temió también que la celebración del carnaval fuera usado como «espacio de atentados o espacio de conspiración contra el régimen», pues en ese período se descubrió el movimiento clandestino 14 de Junio y estallaron varias bombas en distintos lugares de la ciudad. Por esta razón, quizá afirmaba Fradique Lizardo (citado por Tejeda Ortiz, *Carnav.*, 121) que el carnaval fue prohibido varias veces por Trujillo y cuando se autorizó la celebración de este acontecimiento popular, la dictadura adoptó medidas de extrema vigilancia: «Muchos calieses y policías se infiltraban en las comparsas, se colocaban como simples espectadores en lugares específicos o tenían la misión de seguir a ciertos personajes, como era el caso de Califé, poeta popular, repentista, que cambiaba los contenidos de sus versos dependiendo del escenario, lo mismo que con algunas comparsas, como [la del,

DC] teatro callejero de los indios de San Carlos.» (*Carnav*, 121*).

En medio de la pérdida de su legitimación, sobre todo después de la llegada de la expedición del 14 de junio de 1959 y el posterior asesinato de casi todos los combatientes y de aquellos que fueron atrapados con vida, lo que siguió a esta matanza, como ya dije, fue el descubrimiento del movimiento clandestino 14 de Junio dirigido por Minerva Mirabal y Manolo Tavárez Justo y un amplio sector de la pequeña burguesía media alta y media, integrada casi toda por profesionales y comerciantes, e incluidos algunos hijos de la alta burocracia trujillista, otra medida extrema adoptada por la dictadura fue la siguiente, según Tejeda Ortiz (*Carnav*, 121), quien a menudo no cita la fuente de donde extrae sus afirmaciones: «Se arreció la exigencia de que todos los que iban a participar disfrazados en el carnaval tenían que inscribirse en el cuartel de la policía, [de su barrio, DC] ofreciendo nombres y apellidos, edad, ocupación y dirección de su residencia, recibiendo a cambio, un número que debía colocárselo en lugar visible del traje o de la máscara. La policía y los departamentos de seguridad buscaban al que le correspondía el número responsable de lo que ocurriera.» (*Carnav.*, 121).

Finalmente, el régimen se volvió en su etapa final una máscara de su propio carnaval, independientemente de que Trujillo lo hubiese utilizado como «catarsis social, como equilibro e incluso como promoción. Por ejemplo, al final de la dictadura, algunos Diablos Cojuelos, tenían que pegarles a las máscaras [que tenían dibujadas, DC] cinco estrellas, símbolo del régimen, [y del Generalísimo mismo, DC] con un letrero que decía: ¡Viva el Jefe!» (*Carnav*, 121).

Así se burlaba la dictadura de sí misma en ese carnaval de violencia que duró oficialmente casi 32 años, como cuando autorizaba el funcionamiento de partidos políticos dirigidos por los mismos funcionarios trujillistas, para fingir que en el país había democracia, en un intento vano de engañar a los Estados Unidos y a los países miembros de la Organización de Estados Americanos (OEA) que sancionaron al déspota en agosto de 1960 en la reunión de Cancilleres celebrada en San José de Costa Rica, donde excluyeron de ese organismo panamericano a la sanguinaria dictadura de

Trujillo en razón de haber atentado contra la vida del presidente de Venezuela Rómulo Betancourt.

Estudio de un caso único de resistencia armada: Hato Mayor y la ocupación americana

Ni en San Pedro de Macorís, el Seibo, La Romana e Higüey, y mucho menos en el Sur, el Cibao y el Norte, se produjo en el país el caso insólito de mayor resistencia y duración en el tiempo a la ocupación militar norteamericana de 1916-24 que el ocurrido en Hato Mayor. ¿Por qué?

R. Brea (1983: 200-201) había estudiado las características del surgimiento de un movimiento social para combatir la ocupación militar norteamericana y los rasgos específicos del tipo de Estado dominicano que sucumbió a un imperio superior en «armas, gérmenes y acero» [89], y al mismo tiempo tipificó la estrategia del invasor: «En la República Dominicana la desposesión del campesinado contó desde el momento de la Ocupación con la participación del Estado. Al amparo de nuevas leyes, entre ellas la de Registro de Propiedad, se efectúa una serie de despojos del campesinado en beneficio de la empresa azucarera y de la gran propiedad territorial. Una serie de atropellos, de vejaciones y horrores caracterizan este proceso. La expropiación de los campesinos llegó incluso al *'clearing of Estates:'*»[90]

---

89   Jared Diamond (2000). *Armas, gérmenes y acero*. Barcelona: De Bolsillo.

90   Brea se refiere a la «limpieza de fincas» en el Este por el Central Romana, definida de la siguiente manera por Carlos Marx en *El Capital* (México: Fondo de Cultura Económica, t. I, p. 620: «Finalmente, el último gran *proceso* de expropiación de los agricultores es el llamado *Clearing of Estates (limpieza de fincas)*, que en realidad consistía en barrer de ellas a los hombres. Todos los métodos *ingleses* que hemos venido estudiando culminan en esta «limpieza». Como veíamos al describir en la sección anterior la situación moderna, ahora que ya no había labradores independientes que barrer, las «limpias» llegan a barrer los mismos *cottages* [barracas, DC], no dejando a los braceros del campo ni siquiera sitio para alojarse en las tierras que trabajan.» Eso les sucedió a los campesinos del Este cuyas tierras fueron expropiadas violentamente por los centrales azucareros con la anuencia del Estado.

Y la autora (1983: 201) ejemplifica esta operación al examinar la estrategia de una de esas grandes empresas norteamericanas apoyada por el Estado mismo para la implementación de la expropiación brutal de las tierras del campesinado: «…el Central Romana, por ejemplo, inició el saneamiento de las tierras de los campesinos expulsados cuya propiedad ya el emporio azucarero se había atribuido. Los guardacampestres, una especie de capataces armados e investidos por la autoridad estatal, emprendieron en 1922 el desalojo de las poblaciones de La Campiña y Chavón Abajo. Solamente en la primera población habitaban de 300 a 400 familias. Paralelamente a estas desposesiones, el Estado se dio a la tarea de emprender la liquidación del movimiento guerrillero de los gavilleros.»

Un año más tarde, Pablo Maríñez (1984: 52-53) atribuye la escasa incidencia de resistencia a la ocupación militar norteamericana en el Cibao, el Norte y el Sur al hecho de que en la primera región no hubo expropiaciones de tierra ni ingenios azucareros y agrego yo, a que los rubros más importantes de aquella región eran el cultivo de tabaco para la exportación principalmente a Alemania y los Estados Unidos y solamente una parte mínima estaba destinada al consumo local, y estaba en manos de pequeños propietarios independientes.

Y según Maríñez (1984: 53), el Norte, había pequeños ingenios únicamente en Puerto Plata, los que ocupaban la irrisoria suma de 1.482 hectáreas, es decir, «aproximadamente la décima parte de superficie que la región del Este dedicaba al cultivo de caña. De ahí que existiera una escasa fuerza de trabajo proletaria cuyo enfeudamiento y lealtad a los caudillos y a los caciques regionales clientelistas y patrimonialistas era un obstáculo formidable al desarrollo de una conciencia política y de una conciencia nacional cuya ideología no podía ser otra que la precapitalista, o en boca de Maríñez(1984: 54), «de un carácter prepolítico», con lo cual concuerda Roberto Cassá (1998: 195) cuando estudia la resistencia campesina de los «gavilleros» del Este: «En todo momento el núcleo de la acción de los revolucionarios no traspasó el umbral de la política.»

Y a renglón seguido, el propio Cassá (1998: 195) reitera su afirmación, aunque distingue dentro del movimiento de la resis-

tencia el papel del bandolero con respecto al del guerrillero: «…
de ser originalmente la expresión de caudillos, la insurgencia se
transformó en un medio de autodefensa de quienes eran catalogados de sospechosos de colaborar. El movimiento armado pasó, en
consecuencia, a tener sentido en sí mismo, al margen de cualquier
motivo político y social. Este giro, patente desde fines de 1918, en
los momentos de su máximo esplendor, en la práctica lo despojó
de las consignas nacionalistas que ocasionalmente decían esbozar
algunos de sus líderes.»

Cassá define entonces (1998: 195), con las explicaciones del
análisis anterior, las causas del fin de la resistencia de los guerrilleros
del Este: «En la medida en que solo podían preocuparse por salvar
sus vidas (*sic*), los guerrilleros tuvieron que extremar componentes
delictivos en sus acciones. En ese orden, tuvieron que aceptar una
presencia mayor de individuos cuyo objetivo podía radicar en
acciones delictivas. Adicionalmente, como resultado del estado
crónico de violencia, se ampliaron las partidas de bandoleros, algunas de las cuales podían ser confundidas con las de los guerrilleros
que se proclamaban originalmente revolucionarios. Al final, las
interpelaciones patrióticas contra el ocupante cayeron en el olvido
y el movimiento guerrillero entró en una prolongada agonía degenerativa.»

Entre ellos, uno de los más connotados guerrilleros fue Vicente
Evangelista, quien llegó a afirmar lo siguiente, según Sosa Jiménez
(1993: 398), quien extrae la cita del libro de Julio Gautreau [91]:
«¡ME HAN DEJADO SOLO, NI EL SUR NI EL CIBAO ME
HAN CORRESPONDIDO! Tengo todo el peso de la guerra
encima; todo el poder americano y la Guardia Nacional.» Cierta
o falsa la afirmación puesta en boca de Vicentico Evangelista, esto
no atenúa el juicio conclusivo de Maríñez y Cassá sobre el carácter
prepolítico del movimiento guerrillero. Al contrario, lo refuerza.
Lo que viene a demostrar la conducta del guerrillero Salustiano
–Chachá– de Goicochea, cuya entrega a los invasores fue diligenciada por su esposa, luego de lo cual este delató a su compañero
Vicentico, según Sosa Jiménez (1993: 310), quien cita el artículo

---

91   *Vicentico. Héroe y mártir dos veces.* Santo Domingo: Biblioteca Nacional,
Colección. Orfeo, 1986, pp. 9 y 11.

de primera plana del *Listín Diario* del 25 de enero de 1917 que trae la siguiente noticia: «'Chachá Goicochea se rinde a los americanos. Estos ofrecen $ 500 [dólares] por la entrega de VICENTICO EVANGELISTA'.»

Sosa Jiménez asegura que «Chachá quedó libre pocos días después; delató a Vicentico; se comprometió a desintegrar su ejército guerrillero (lo cual cumplió). Aportó datos concluyentes, convenció a los yanquis sobre el verdadero culpable del asalto a la Aduana (usufructuada por los norteamericanos), en La Romana (año 1915); por lo cual la recompensa quedó desviada hacia Evangelista, de manera automática». (1993: 310). Es posible que el acuerdo con los yanquis contemplara, de ser cierta la delación de Vicentico a los yanquis, la salida de Goicochea hacia Cuba como unja medida de salvarle la vida.

Hay otras dos consignas antiimperialistas pronunciadas por dos de los grandes guerrilleros, Bulito Batía Peguero y el general Martín Peguero. Aunque tanto Cassá como Maríñez descartan la conciencia política en los guerrilleros, de persistir estos en el deseo de establecer lazos con el movimiento nacionalista urbano, de seguro que alguno de los intelectuales nacionalistas hubieran influido en alcanzar que los guerrilleros aprendieran lo que era político dentro de la política, pero esa conexión nunca se dio y más bien la oposición nacionalista veía con suspicacia a los guerrilleros del Este, por la confusión que se establecía entre «gavillero» y bandolero, el primero como sinónimo de salteador de caminos que robaba, mataba y violaba mujeres. La primera consigna de Batía Peguero (Sosa Jiménez, 1993: 385) decía: «LOS YANQUIS NO SUELTAN NUESTRA PATRIA SI NO LE[S] HACEMOS MUCHAS BAJAS Y RESISTENCIA PERMANENTE.» Esa es la estrategia y su embrión de lo político que no llegó a cuajar. Y la del general Peguero: «HATO MAYOR DEL REY ES SLA PROVINCIA IMPERIAL. Porque no desfallece en su lucha contra los yanquis.» (Sosa Jiménez, 1993: 398).

Y aunque, dirigido por una pequeña burguesía media y baja, un poco letrada, pero politizada a favor de bolos o coludos, el Ayuntamiento de Hato Mayor se pronunció en contra de la ocupación militar y vino, en comisión, a la Capital a la juramentación del gobierno provisional de Vicini Burgos, integrado por bolos y coludos y otros partidos minoritarios, también hubo desconexión y suspicacia entre guerrilleros y autoridades municipales, y en todas las secciones y parajes, y en la ciudad misma, existía lo que Cassá llama, «colaboración aparente» (1998: 196) por parte de los «pacíficos» ante dos gobiernos igualmente violentos, es decir, ante el gobierno y los guerrilleros que se combatían ferozmente entre sí.

Y justamente esta falta de conciencia política y de conciencia nacional fue lo que les hizo creer a los guerrilleros del Este que estaban combatiendo a la manera tradicional de las «revoluciones» de caudillos y caciques para tomar el poder y repartirse entre todos, las riquezas del país.

Como dice Cassá (1998: 187-188), si los norteamericanos ocuparon militarmente el país con el propósito muy concreto de emprender la modernización capitalista del Estado dominicano a fin cobrar el dinero que se les debía, controlar el arco de las Antillas y Centroamérica, adquirir por el medio que fuera las tierras necesarias al desarrollo de sus ingenios azucareros, no es verdad que iban a tolerar esas «revoluciones montoneras».

Estas revueltas tenían el país fragmentado en decenas de cantones, cada uno con su soldadesca particular, y mucho menos iban a tolerar la resistencia de un movimiento mesiánico[92] que obstaculizara esa estrategia de dominación y el libre tránsito de las mercancías norteamericanas a través del canal de Panamá, con la finalidad política de sostener su posición de imperio mundial: «La forma en que los liboristas procesaron el pacto –celebrando un supuesto lazo de compadrazgo entre Carmito [Ramírez, el general] y el *maestro*, lo que puede leerse como la alianza entre lo terrenal y lo divino o lo poderoso y lo humilde– indica que carecían de una voluntad expresa de contraposición social, siempre y cuando se les permitiese

---

92   Maríñez (1984: 54) define así el mesianismo: «...en los alrededores de San Juan de la Maguana. En las proximidades con la frontera de Haití, y a fines de la primera década de este siglo [XX] había comenzado a surgir un movimiento campesino de carácter prepolítico –como generalmente se entiende que son todos los movimientos mesiánicos o milenarios–, que por la cantidad de seguidores que lograba aglutinar, incluso de parajes bastante distantes, y por la forma en que intentó ser reprimido, se vio en la necesidad de defenderse con las armas, alcanzando una proyección amplia en todos el país.»

seguir celebrando su culto dentro de una virtual autonomía política. (…) Y eso fue, precisamente, lo que los norteamericanos no estuvieron en disposición de aceptar.»

Pero los norteamericanos fracasaron en su intento de transformar a la República Dominicana en un país capitalista, pues como señala R. Brea (1983: 147-203), ni con los yanquis primero ni con Trujillo después se alcanzaron las características que fundan un Estado nacional verdadero como son la disciplina social de la fuerza de trabajo libre para uso y valorización del capital, que no pudo ser impuesta por el invasor, la juridificación, la territorialización que no es más que el control del territorio por el poder soberano del Estado. La ocupación militar y los gobiernos que le sucedieron dejaron la frontera con Haití abierta a toda violación y no lograron imponer ni la individualización ni la unificación del pueblo-nación, la no consolidación de los mitos de la nación, cuyo requisito *sine qua non* radica en que los hombres y mujeres dominicanos son formalmente libres, pero el pueblo no es realmente soberano, como no lo es el Estado autoritario, clientelista y patrimonialista que dejaron los americanos.

Como tampoco pudieron establecer la igualdad de todos ante la ley, principal requisito de un Estado de derecho, soberano, que no depende de otro Estado, como es nuestro caso. Por el contrario, floreció de nuevo, con los caciques regionales, la privatización del Estado y la politización de lo privado como rasgo acusado del Estado patrimonialista al entregarles las provincias como botín, por no citar sino unas cuantas falencias. El gobierno militar norteamericano creyó que únicamente por la vía administrativa podía modernizar el Estado dominicano y volverlo de la noche a la mañana un Estado nacional verdadero a semejanza de los Estados Unidos.

Sobre el tema de los «gavilleros» se imponen algunas conclusiones que deberán ser todavía sometidas a investigación: 1) Vicentico Evangelista envuelto en la bandera dominicana y Ramón Natera que ordenó cantar el himno de Reyes y Prud'homme, ¿adoptaban, con este gesto, una acción política consciente o simplemente un ritual de legitimación de su lucha contra el invasor atravesada por la ideología clientelista y patrimonialista del caudillismo y el caciquismo dominicano?

2) Los *marines* que desembarcaron en Santo Domingo vinieron a disciplinar la fuerza de trabajo para valorizar el capital de los inversionistas norteamericanos y de paso el de los ingenios azucareros privados, así como otros negocios o industrias que contribuyeran a la modernización del Estado autoritario creado por Pedro Santana en 1844, para lo cual iniciaron, desde su llegada, una brutal desposesión de la casi totalidad de las tierras del campesinado del Este y que estuvieran cerca de los centrales azucareros americanos, a lo que agregaron, ante la protesta y la organización de la resistencia de los líderes de ese campesinado, una brutal represión que incluyó de 1917 a 1918 la creación de campos de concentración de campesinos en pueblos de la región para que no les sirvieran de ayuda, alimento y alojamiento a los guerrilleros que los marines bautizaron con el nombre de «gavilleros», un sinónimo de bandido social a quien todo Estado organizado debe combatir hasta la muerte a fin de disciplinar la fuerza de trabajo para el capital. La cultura campesina conoció esa concentración de campesinos que tanto el gobierno de Mon Cáceres como los invasores yanquis les llamaron «reconcentración», forma también de obligar a los propietarios de las tierras despojadas a convertirse en mano de obra para los ingenios azucareros.

Pero Cassá opina (1998:195) que, al margen del proceso de proletarización del campesinado que comportó el método brutal de desposesión de las tierras aptas para la siembra de caña y pastoreo de los bueyes y reses para consumo del enclave azucarero, la resistencia de los guerrilleros del Este que se formó principalmente en torno a Hato Mayor, «no era lo que conducía a la insurgencia. Aunque muchos rebeldes habían perdido su tierra o eran inmigrantes de otras comarcas del país, tenían otras motivaciones.»

El grueso de las expropiaciones de tierras fue muy elevado en comparación con las regiones del Sur y el Norte. Maríñez (1984: 67) las estimó en 18.049 hectáreas en 1925, poco después de terminar la ocupación militar. (Una hectárea equivale a 15.903 tareas y multiplicadas por 18.049 equivale a 287.033 tareas). El propio Maríñez (1984: 67) cita al norteamericano Melvin H. Knight, quien aseguró en 1939 que «posiblemente, la sexta parte de los 12.000.000 de acres de tierras de la República Dominicana, terrenos de costa y de valles, están habitados. Las empresas azucareras son propietarias de la cuarta parte, más o menos, de la mejor de estas tierras.» De donde se desprende que, si la lucha por la tierra no era la motivación principal, aunque a algunos de los guerrilleros se las expropiaron, sus motivaciones eran la formación de un poder cacical en el Este que igualara a sus protagonistas a los «revolucionarios del Cibao, el Norte y el Sur que iniciaban un movimiento político para tumbar a un gobierno que no había repartido el botín de la república entre ellos.

Pero como no hay sentido de la historia, la llegada de *los marines* equivalió para las pretensiones de los «gavilleros» a la llegada de Cortés al valle de México en 1535, con la diferencia de que nuestros guerrilleros no habían alcanzado todavía la politización que alcanzaron los caciques y caudillos de la montonera que operó casi siempre con éxito hasta la llegada de los invasores yanquis.

3) Conviene distinguir, por una cuestión de método, dos conceptos clave de toda investigación histórica, social y política de la sociedad dominicana. Me refiero a la diferencia existente entre caudillo y cacique, empleados a todo lo largo de los discursos de Maríñez y Cassá, para quienes ambos términos son intercambiables, lo que dificulta a veces la lectura del sentido política de su respectivo discurso. El caudillo lo es a escala nacional en una sociedad políticamente organizada (Santana, Báez, Lilís, Juan Isidro Jimenes, Horacio Vásquez, Trujillo, Balaguer fueron caudillos con seguidores en todo el país. En cambio, en cacique es siempre regional. Desiderio fue un cacique de la Línea y estuvo a punto de convertirse en caudillo si hubiese ocupado la Presidencia cuando el Congreso controlado por él echó del poder a Jimenes, pero la ocupación militar impidió esa posibilidad; Perico Pepín fue cacique del Cibao; Pablo Mamá lo fue en el Sur; Carmito Ramírez en el valle de San Juan y parte de la frontera; Juancito Rodríguez y Cipriano Bencosme en Moca y La Vega, al igual que lo es hoy un ejemplo paradigmático, Amable Aristy Castro, dueño y señor de la provincia La Altagracia, incluso con derecho a sucesión 4) Conviene también precisar la definición de los siguientes términos puesto que son usados por diferentes enfoques metodológicos en la investigación histórica, política

y social en el país. Creo que para semejante definición podría partirse, en el caso de la resistencia guerrillera del Este a la ocupación yanqui de la manera sencilla y poco problemática empleada en el libro varias veces citado de Sosa Jiménez (1993: 335-336). Para él, «durante el período 1916-24, podemos clasificar en subgrupos la composición social hatomayorense, acorde con el papel histórico rendido, y no solamente en 'buenos y malos', o en 'patriotas e invasores'; porque no se debe negar la existencia de gavillas (tanto en los yanquis como en los criollos). Esto nace de la segregación propulsada por el Gobierno. Son cinco los subgrupos:» INVASORES: Los *marines* y los extranjeros venidos bajo la bandera tricolor de las barras y las estrellas; ENTREGUISTAS: «Los que lucharon a favor de los invasores o vieron con beneplácito su presencia, sirviéndoles con o sin sueldo; creándoles una corriente de opinión favorable (Guardia Nacional Dominicana, espías, guías, intérpretes, algunos policías municipales, alcaldes pedáneos, capataces/guardianes y personal de los ingenios azucareros 'servidores incondicionales'; también los denominados 'lengüeteros que defendían a los yanquis en público o en privado. Sus acompañantes espontáneos. Los que les brindaban alimento, bebidas, regalos, y atenciones cordiales y/o hospitalidad.»

GUERRILLEROS: «Los que tomaron las armas para el rescate de la soberanía nacional; ya en actitud patriótica; ya en defensa de la vida, los bienes; ya en venganza personal.»

COLABORADORES: «Aquellos que cooperaron en contraespionaje, suministro de datos e informaciones confidenciales: con dineros, alimentos, armas, pertrechos, medicamentos. Quienes diligenciaron un mejor trato a los presos y enfermos, sus atenciones médicas e influencia para liberarlos. Quienes denunciaron al país y al mundo las crueldades de los invasores. Quienes no temblaron al declarar ante la Comisión Senatorial [Norteamericana], ni en reclamar en favor de los desalojados.»

GAVILLEROS: «Aquellos que se dedicaban a violar comercios, viviendas, propiedades, y hasta mujeres; asaltantes de caminos desalmados; los que se dedicaban al robo, la cuatrería, etc. Caben en este subgrupo los yanquis que hacían estos actos antisociales, tales como LOS CINCO DE MANCHADO, ultimados por dueños de aves, ya cansados de los robos; también los que asaltaron a un grupo de hatomayorenses (en su mayor parte).»

Los autores que han tratado el tema de la resistencia social reconocieron el trabajo pionero de Félix Servio Doucoudray (1976), ampliaron las perspectivas analíticas (Brea, 1983; Maríñez, 1984; Cassá (1998); y, González Canalda, 2008). Esta última autora obtuvo el mérito de realizar, hasta donde le fue posible, el levantamiento de un censo de los guerrilleros que participaron en la lucha de la resistencia desde la llegada de los norteamericanos hasta 1922, año cuando comienza a diluirse el liderazgo de los jefes de cuadrillas fragmentadas en decenas de frentes, sin un ningún proyecto político viable a causa de las razones que han invocado Maríñez y Cassá.

Conclusión

Se evidencia a partir de las dos intervenciones militares norteamericanos a nuestro país en 1916-24 y 1965, el escaso desarrollo de una conciencia política y de una conciencia nacional, cuyo corolario fue la inexistencia de un verdadero Estado nacional.

En relación con la escasa conciencia política y el incipiente desarrollo de una conciencia nacional durante la guerra restauradora, los sujetos dominicanos, su ideología y su mentalidad experimentaron un enorme retroceso histórico si se lo compara con el grado de defensa de nuestra soberanía por parte de Francisco del Rosario Sánchez, Juan Pablo Duarte, Gregorio Luperón y Ramón Matías Mella, creador este último del manual de guerra de guerrillas, con cuya estrategia el nacionalismo de estos héroes fue inspiración para vencer, el Ejército profesional español durante el período de la Anexión.

La experiencia de La Barranquita, del enfrentamiento de los generales Apolinar Rey y Antonio Jorge en 1916 ante el avance hacia Santiago de las tropas militares norteamericanas por Monte Cristi y Puerto Plata, más los cinco años de resistencia de los guerrilleros del Este, indican que de haberse cristalizado una alianza urbana cívico-militar con el campesinado del Este para enfrentar al invasor, quizá el resultado hubiese sido otro y no la vergonzosa claudicación en que cayeron las fuerzas armas dirigidas por el general Desiderio Arias y los Generales Cesario y Mauricio Jiménez junto al inmovilismo de los partidos políticos que llamaron a su militancia a la pasividad. A la distancia de cuarenta años, desde 1924 a 1965, uno compara los resultados de nuestras fuerzas armadas durante la primera intervención y los de los militares constitucionalistas que enfrentaron la segunda ocupación yanqui, no hay parangón en la balanza de la historia dominicana. La guerra patria de abril de 1965 demostró que desde un pequeño punto de una ciudad fue factible resistir, de mayo a septiembre de 1965, al invasor norteamericano. Y voluntad de aplastar al movimiento constitucionalista no le faltó al Gobierno norteamericano.

Los argumentos de las clases conservadoras (incluida la Iglesia católica)[93] en contra de la primera intervención militar de 1916-34 son los mismos que esgrimió para excusar la segunda en 1965.

---

93   José Luis Sáez Ramo, S. J., al analizar las exoneraciones solicitadas por la Iglesia católica dominicana al Gobierno Militar Norteamericana (que ascendieron a 182 incluyendo las del gobierno provisional de Vicini Burgos) se pregunta: «¿Tenía, pues, la concesión gratuita de tantas y tan frecuentes exoneraciones a favor de las parroquias otra finalidad? ¿O era una tolerancia necesaria para calmar a un enemigo en potencia? Y por parte de la Iglesia y sus autoridades, ¿con qué cara podían criticar a un Gobierno Militar impuesto, si seguían sirviéndose de él a base de las constantes exoneraciones de impuestos aduanales? Menos mal que, por lo menos, hubo algunos párrocos, como ocurrió con el mismo padre Rafael Castellanos, que nunca solicitaron en esos ocho años una sola exoneración.» (Obra citada, p. 160).

Apéndices

1
PROCLAMACIÓN
(Gaceta Oficial número 2758 del
29 de noviembre de 1916, pp. 3-5)

[Como esta Proclamación, los dos decretos de desarme de la población y de censura, así como las Órdenes Ejecutivas que figuran en estos apéndices, solamente copiamos aquí, de una vez por todas, el nombre y los cargos del Capitán de Navío H. S. Knapp y dejamos al final de cada documento la fecha en que fue confeccionado.]

[H. S. KNAPP
Captain U. S. Navy, commander Cruise Force,
U. S. A. Atlantic Fleet.
Commanding Forces in Occupation
in Santo Domingo.
U. S. Olympia Flagship.]

CONSIDERANDO: una Convención fue concluida entre los Estados Unidos de América y la República Dominicana el día 8 de febrero de 1907, de la cual el artículo III dice: «Hasta que la República Dominicana no haya pagado la totalidad de los bonos del empréstito, su deuda pública no podrá ser aumentada sino mediante un acuerdo previo entre el Gobierno dominicano y los Estados Unidos. Igual acuerdo será preciso para modificar los derechos de importación de la República, por ser condición indispensable para que esos derechos puedan ser modificados que el Ejecutivo dominicano compruebe y el Presidente de los Estados Unidos reconozca que tomando por base las importaciones y exportaciones de los dos años que preceden al en que se quiere hacer la alteración en los referidos derechos, y calculados el monto y la clase de los efectos importados o exportados, en cada uno de esos dos años, al tipo de los derechos de importación que se pretendan establecer, el neto total de esos derechos de Aduanas en cada uno de los dos años, excede de la cantidad de dos millones de pesos oro americano»; y

CONSIDERANDO: El Gobierno dominicana ha violado el derecho artículo III en más de una ocasión; y

CONSIDERANDO: El Gobierno dominicano, de cuando en cuando, ha dado como explicación de dicha violación la necesidad de incurrir en gastos extraordinarios incidentales a la supresión de las revoluciones; y

CONSIDERANDO: En consecuencia, la tranquilidad doméstica ha sido perturbada y aún no está restablecida, ni asegurado el cumplimiento futuro de la Convención de parte del Gobierno dominicano; y

CONSIDERANDO: El Gobierno de los Estados Unidos está determinado que ya ha llegado el tiempo de tomar medidas para asegurar el cumplimiento de las provisiones de la Convención citada de parte de la República dominicana y mantener la tranquilidad doméstica en dicha República, la cual es necesaria para tal cumplimiento,

AHORA, POR TANTO, YO, H. S. KNAPP, capitán de la Marina de los Estados Unidos, comandando la fuerza de cruceros de la escuadra del Atlántico de los Estados Unidos de América y las fuerzas armadas de los Estados Unidos de América situadas en los varios puntos dentro de la República Dominicana, actuando bajo la autoridad y por orden del Gobierno de los Estados Unidos de América,

DECLARO Y PROCLAMO a todos los que les interese que la República Dominicana queda por la presente puesta en un estado de ocupación militar por las fuerzas bajo mi mando, y queda sometida al Gobierno militar y al ejercicio de la ley militar, aplicable a tal ocupación.

Esta ocupación militar no es emprendida con ningún propósito, ni inmediato ni ulterior, de destruir la soberanía de la República Dominicana, sino, al contrario, es la intención ayudar a ese país a volver a una condición de orden interno, que la habilitará para cumplir las previsiones de la Convención citada, y con las obligaciones que le corresponden como miembro de la familia de naciones.

Las leyes dominicanas, pues, quedarán en efecto siempre que no estén en conflicto con los fines de la ocupación militar o con los reglamentos necesarios establecidos al efecto, y una administración legal continuará en manos de oficiales dominicanos[94], debidamente autorizados, todos bajo la vigilancia y la supervisión de la fuerza de los Estados Unidos que ejerce el Gobierno militar.

La administración ordinaria de la justicia, tanto en casos civiles como en casos criminales, por medio de las Cortes dominicanas regularmente constituidas, no será interrumpida por el Gobierno militar ahora establecido; pero los casos en los cuales un miembro de las fuerzas de los Estados Unidos forma parte, o en los cuales haya envuelto desprecio o desafío de la autoridad del Gobierno militar, serán juzgados por un Tribunal establecido por el Gobierno militar.

Todas las rentas provenidas[95] al Gobierno dominicano, incluso derechos e impuestos hasta el presente provenidos y no pagados,

---

94   Traducción servil por «funcionarios dominicanos». La administración pública dominicana está compuesta de funcionarios. Nuestras gradaciones militares son las que contemplan el vocablo *oficial*, e incluyen desde segundo teniente hasta Generalísimo. Como se analizó, *supra*, la habilidad de los imperios consiste, como hicieron siempre los romanos, en gobernar con las elites medias locales que conforman el saber burocrático, pero «vigiladas y supervisadas» por el conquistador y, castigadas por las faltas cometidas en el desempeño de la función, como se estila en Michel Foucault: *Surveiller et punir*. París: Gallimard, 1975. Ya la sola mención de «vigilar y supervisar» siembra el terror entre los burócratas, pero le infunde confianza a una retícula conservadora interna que en este tipo de situación se alía siempre con el invasor. Quienes no se avinieron a aceptar la ocupación militar fueron reemplazados de su cargo y si rebelaron en contra del poder imperial, fueron muertos o apresados y torturados, como se verá más adelante al leer algunas Ordenes Ejecutivas.

95   Ora traducción servil. El lector culto no se escandalizará del uso de una sintaxis española anglicada, pues se trata en estos casos imperiales de traductores o intérpretes de un bajo nivel cultural, pues lo que importa es que las órdenes que emanan del poder sean entendidas y obedecidas por los habitantes del país conquistado. En el caso que nos ocupa, lo deseable para un español estándar es «que provengan del Gobierno dominicano».

sean derechos de aduana bajo las provisiones de la Convención concluida el día 8 de febrero de 1907, por el cual se estableció la Receptoría Aduanera, que permanecerá en efecto, o sean de rentas internas, será pagados al Gobierno militar, el cual, por cuenta de la República Dominicana, mantendrá en custodia tales rentas y hará todo desembolso legal que sea necesario para la administración del Gobierno dominicano y para los propósitos de la ocupación.

Invoco[96] a todos los ciudadanos dominicanos y a los residentes y transeúntes [extranjeros o nativos paso] en Santo Domingo a cooperar con las fuerzas de los Estados Unidos en[de] ocupación, con el fin de que sus gestiones sean prontamente realizadas y que [en] el país sea [n] restaurado[s] al[el] orden y la tranquilidad doméstica y [97] la prosperidad que solamente se puede realizar bajo tales condiciones.

Las fuerzas de los Estados Unidos en[de] ocupación bajo mi mando actuarán según la ley militar que gobierno su conducta, con debido respeto a los derechos, personales y de propiedad, de los ciudadanos dominicanos y residentes y transeúntes en Santo Domingo, sosteniendo las leyes dominicanas, siempre que éstas no conflicten[98] con los propósitos para los cuales se emprende la ocupación.

El texto original de esta proclamación, en el idioma inglés, regirá en toda cuestión de interpretación.[99]

Santo Domingo City, D. R. November 29, 1916.

---

96   Traducción servil por «Llamo, Apelo o Convoco».

97   Una redacción más coherente con la sintaxis española es: «y que en país sean restaurados el orden, la tranquilidad doméstica y la prosperidad que solamente son posibles en tales condiciones». Pero los intérpretes o traductores del gobernador Knapp no tenían la competencia suficiente relativa al dominio de la sintaxis española.

98   Traducción servil por «no colidan»

99   El idioma del vencido no tiene vela en ese entierro, que es el suyo. La teoría del lenguaje es idéntica a la teoría de la historia. Lenguaje e historia surgieron juntos, el mismo día. Antes de la aparición del sujeto, lo que hubo fue homínidos y antes, animales, como los que existen en la sabana africana.

2
ARMAS Y EXPLOSIVOS
(Gaceta Oficial n.º 2758 del 29 de noviembre de 1916, p. 6)

Queda prohibido a todo individuo o a toda organización, con excepción de las fuerzas de la ocupación, el porte de armas de fuego o el tenerlas en posesión, lo mismo que las municiones para ellas y toda clase de explosivos. Se advierte a los dueños de estos artículos prohibidos que los entreguen a los oficiales de las fuerzas en [de] ocupación designados al efecto, los cuales darán recibo por y mantendrán en custodia aquellas que sean así voluntariamente entregadas. Cualquier artículo de esta naturaleza que no sea voluntariamente entregado será confiscado.

El porte de armas, de cualquier clase, ocultadas, queda prohibido. Personas[100] en conocimiento de estas órdenes, y a sabiendas violándolas, serán expuestas la castigo por el Gobierno militar.

Una vez establecidos estos reglamentos, los explosivos necesarios para proyectos pacíficos, públicos o civiles, podrán ser obtenidos por autoridad competente del Gobierno militar, en las cantidades necesarias para uso inmediato, a condición de que los que intenten así usarlos sean personas responsables y que acepten la responsabilidad de la propia custodia, y el propio uso de los explosivos así libertados, para garantizar que éstos no serán sean] usados para ningún propósito inicuo [criminal o dañino] al orden público.

---

100   Sintaxis servil del inglés. En español castizo: Las personas que tengan conocimiento de estas órdenes, y que a sabiendas las violen, se exponen al castigo del Gobierno militar. La influencia de este tipo de español anglicado ha pasado con su sintaxis a la cultura dominicana, al periodismo y a la literatura. Si se tiene en cuenta que el dominio económico, político y cultural norteamericano de nuestro país comenzó hace 92 años, es decir, al salir las últimas tropas de ocupación el 12 de julio de 1924, no extraña que tanto en el discurso oral como en el escrito se observen semejante sintaxis anglicada, pues es poco tiempo para que la fuerza de los hablantes y escritores cultos y populares exilien de nuestra cultura esas influencias. Otra cosa son los anglicismos provenientes de la tecnología y las ciencias, los que adoptamos porque no hemos sido los creadores de tales innovaciones y no tenemos, por lo tanto, un vocabulario inventado por nuestra propia cultura. Estamos obligados a esos préstamos o a castellanizarlos, pero no a imitar la sintaxis del inglés norteamericano.

Bajo circunstancias extraordinarias, de cuya existencia y duración el Gobierno militar será juez, les será permitido a personas de responsabilidad, que bien en distritos expuestos, tener una cantidad limitada de armas y pertrechos por autorización de oficiales competentes del Gobierno militar, a condición de que los recipientes se han responsables [de] que las armas no caerán en manos impropias y que serán usadas solamente para la protección propia, y no para ningún uso inímico [inicuo] al orden público.

Firmado. – –H. S. KNAPP

3
CENSURA
(Gaceta Oficial n.º 2758
del 29 de noviembre de 1929, p.7)

Con la declaración de la ocupación Militar en Santo Domingo se establece, pues, una censura de cuya existencia la prensa será inmediatamente notificada.

Todo comentario que se intente publicar sobre la actitud del Gobierno de los Estados Unidos, y cualquiera cosa en conexión con la ocupación, debe ser sometida primera al censor local para su aprobación. No será permitida la publicación de ningún comentario de esa índole sin que haya obtenido la aprobación del censor.

Se prohíbe la publicación de expresiones de un carácter violento o inflamatorio, o que tiendan a dar aliento a la hostilidad o a la resistencia al Gobierno Militar.

Será suspendida la publicación de cualquier diario o periódico que ofenda en contra de esta; y las personas responsables, dueños, redactores, directores, u otros, serán además expuestos a ser castigados por el Gobierno Militar.

La impresión y distribución de proclamaciones, hojas sueltas o semejantes modos de hacer propaganda para diseminar opiniones no favorables al gobierno de los Estados Unidos de América o al Gobierno Militar de Santo Domingo, queda prohibido, como lo queda también la distribución en Santo Domingo en diarios o periódicos de semejante material publicado en el extranjero. Los que ofendan contra este reglamento serán expuesto a castigo por el Gobierno Militar.

El Oficial comandando[101] en tierra nombrará censores y llevará a cabo esta orden.

---

101   Como se comprueba en este gerundio inglés, es muy deficiente el dominio del español del traductor, posiblemente un oficial o empleado público puertorriqueño o dominicano al servicio del usurpador. Una redacción castiza es «El oficial que comanda, o comandante» y en el penúltimo párrafo donde dice «no favorables», es evidente, que debe ir «desfavorables. En el antepenúltimo párrafo, la expresión «dar aliento» es verbo comodín, reemplazable por «alentar». El decreto de censura abarca todos los medios de difusión de la palabra oral o escrita, excepto, no es de rigor histórico, el de la televisión y la radio que no existían en nuestro país en 1916. Quise solamaente mostrar unos cuantos ejemplos de la falta de competencia del idioma español de los traductores de estos documentos de la ocupación militar norteamericana.

El telégrafo y las comunicaciones cablegráficas en Santo Domingo estarán bajo el control y la censura militar.

Firmado. – –H. S. KNAPP

ÓRDEN EJECUTIVA N.º 1
(Gaceta Oficial n.º 2759 de----día----mes y año)

Siendo necesario a los propósitos de la Ocupación que los Despachos de Secretario de Estado de los Departamentos de Guerra y Marina, y de lo Interior y Policía, no continúen bajo la administración de ciudadanos dominicanos, sino que sean administrados por oficiales de las fuerzas de Ocupación de los Estados Unidos:

Se ordena que, hasta nuevo aviso, los ciudadanos dominicanos no son elegibles para desempeñar esos Despachos, y cesar en el desempeño de ellos, los cuales quedan encomendados al Coronel J. H. Pendleton, U.S. M. C., Jefe de las Fuerzas de los Estados Unidos desembarcadas en Santo Domingo.

Santo Domingo City, D. R.
4 de diciembre de 1916.

-5-

ORDEN EJECUTIVA N.º 2
(Gaceta Oficial n.º 2759 del 4 de diciembre de 1916, p. 10)

Además de los fondos mencionados en los Artículos del Presupuesto del 1.º de enero de 1916, por la presente se autoriza un fondo especial que se intitulará «Artículo 456-Extra, Gastos Imprevistos.» A este nuevo fondo serán transferidos, de tiempo en tiempo, según ordene el jefe del Gobierno Militar, fondo de los demás Artículos del Presupuesto. Esta orden y las subsiguientes órdenes en cumpliendo de esa disposición, tendrán el efecto de la ley autorizando la transferencia de eroga ción mencionada en el Artículo 105 de la Constitución Dominicana.

GOBIERNO MILITAR DE SANTO DOMINGO
ÓRDEN EJECUTIVA NÚMERO 3
(Gaceta Oficial número 2759
del 4 de diciembre de 1916, pp. 11-12)

Lico Pérez[102], hasta hace poco Gobernador Civil de la Provincia Pacificador, habiéndose rebelado y habiendo ejercido actos de hostilidad contra la Ocupación, queda por la presente declarado forajido, y declárase vacante el puesto que él desempeñaba.

José Ramón de Lara[103] queda por la presente nombrado Gobernador Civil de la Provincia Pacificador en lugar de Pérez.

Santo Domingo City, D. R.
4 de diciembre de 1916.

---

102   Lico Pérez, según Max Henríquez Ureña, Los yanquis en Santo Domingo. SD: Editora de Santo Domingo, ya citado, p. 207 narra con detalles lo sucedido en San Francisco de Macorís, donde el general Manuel de Jesús Pérez Soca era el gobernador de la provincia Pacificador y como, ausente de la ciudad, siete soldados que custodiaban el cuartel fueron asaltados por marines americanos con el objetivo de tomar la fortaleza. Se armó una refriega y hubo dos muertos y heridos de parte de los dominicanos y varios heridos yanquis. Al regresar a la ciudad, el general Pérez Soca, que desconocía lo acontecido, una vez enterado del incidente, se dirigió con su tropa a combatir a los soldados americanos. Trataron de persuadirle, pero no obedeció y el resultado de su acción fue la Orden Ejecutiva insertada más arriba en la que el Gobierno militar le destituyen del cargo y le declaran fugitivo.

103   José Ramón de Lara fue un auto titulado general, genuflexo, colaborador del invasor y que fue nombrado gobernador de la provincia Pacificador en lugar de Manuel de Jesús –Lico– Pérez Sosa (ver la nota anterior). Se carteaba con el General Pendleton a fin de demostrarle su solidaridad con la ocupación militar. En una de esas cartas, le envió una bandera y el militar americano le contestó el 14 de junio de 1920 en los términos siguientes: «Le agradeció el envío de la bandera. Además, aparte de sus otros significados, la bandera era un símbolo de la amistad entre ambos.» Véase de Pendleton su obra ya citada, p. 103. Más adelante (p. 115), el General americano «le acusa recibo el 27 de enero de 1921 de la carta navideña que le envió De Lara [la cual se encuentre en los papeles que la viuda del militar americano donó al Museo de la Marina] y le dijo que cuando se retire le gustaría pasar un mes del invierno o dos en la República Dominicana para visitar a sus viejos amigos.»

GOBIERNO MILITAR DE SANTO DOMINGO
ÓRDEN EJECSUTVIA NÚMERO 4
(Gaceta Oficial n.º 2759 del 8 de diciembre de 1916, pp. 12-13)

Los ciudadanos dominicanos que, al proclamarse el Gobierno Militar, ocupaban los puestos de:

Secretario de E. de Relaciones Exteriores
    Justicia e Instrucción Pública
    Agricultura e Inmigración
    Fomento y Comunicaciones

Bajo un gobierno no reconocido por los Estados Unidos, habiendo faltado, desde esa época, de administrar o de atentar* a administrar sus oficios, o de ofrecerse para administrarlos bajo el Gobierno Militar como patriotas dominicanos actuando en interés de su país[104], quedan destituidos de sus[105] puestos y declaran vacantes sus plazas.

Hasta nueva orden, estas plazas serán administradas por los oficiales del Gobierno Militar abajo nombrados de acuerdo con las leyes y la Constitución Dominicana, en todo cuanto no sean estas modificadas por el Gobierno Militar:

Las plazas de Secretario de E. de Relaciones Exteriores
    Justicia e Instrucción Pública
    Agricultura e Inmigración
    Fomento y Comunicaciones

---

104   Se ve por esta frase del Capitán de Navío Knapp que algunos dominicanos que ocupaban los cargos de Secretario de Estado mostraron al gobernador militar su disposición de seguir ocupando esos puestos como lacayos al servicio de la intervención norteamericana. ¿Quiénes serían esos vende patrias?

105   La falta de dominio del español se evidencia en este sintagma: «de sus puestos y quedan vacantes sus plazas. La regla gramatical estriba en que no siempre a lo poseído en plural corresponde el poseedor en plural. Es claro en este contexto que cada Secretario de Estado, junto o separado, solo posee un puesto y, por lo tanto, una sola plaza.

Por Commander Bion B Bierer, U. S. Navy; y la plaza de Secretario de E. de Hacienda y Comercio, por Paymaster I. T. Hagner, U. S. Navy.

Santo Domingo City, D. R.
8 de diciembre de 1916.

-7-

GOBIERNO MILITAR DE SANTO DOMINGO
ORDEN EJECUTIVA NÚMERO 5
(Gacedta Oficial número 2761 del 12
de diciembre de 1916, pp. 18-19)
(Gaceta Oficial número 2761 del 16 de diciembre de 1916)

La Orden Ejecutiva No. 4 de fecha Diciembre 8 de 1916, es por esta modificada como sigue:
Commander Bion B. Bierer, U. S. Navy queda relevado de la administración de los despachos de
Secretario de E. de Relaciones Exteriores
Justicia e Instrucción Pública.

Y estos despachos serán administrador por Captain Lloy H. Chandler, U. S. Navy, desde la fecha de esta orden.

Santo Domingo City, D. R.
12 December, 1916.

-8-

GOBIERNO MILITAR DE SANTYO DOMINGP
ÓRDEN EJECUTIVA NÚMERO 12
(Gaceta Oficial número 2764 del 26 de diciembre de 1916, pp.
14-15)
Por la presente y hasta segunda orden no se celebrarán elecciones en la República Dominicana.

139

Santo Domingo City, D. R.
26 de diciembre de 1916.

-9-

GOBIERNO MILITAR DE SANTO DOMINGO
ORDEN EJECUTIVA NÚMERO 18
(Gaceta Oficial n.º 2767 del 6 de enero de 1917, pp. 24-25)

Como no existe un (quorum) del Congreso Dominicano, debido a la expiración de los plazos de ciertos miembros del Senado y de la Cámara de Diputados, y debido a que las elecciones que se hayan celebrado para llenar estas vacantes no han sido reconocidas como válidas por el Gobierno Militar, por haberse verificado bajo la dirección de una administración no reconocida por los E, U., y además por el hecho de que todas elecciones han sido suspendidas al presente por la Orden Ejecutiva N.º 12, del 26 de Diciembre de 1916 ase ordena:

PRIMERO: Que las sesiones del Congreso Dominicano quedan suspendidas hasta después que se ordenen nuevas elecciones para llenar las vacantes ahora existentes; y

SEGUNDO: Que los Senadores y Diputados cuyos plazos no han espirados (*sic*) quedan asì mismo (*sic*) suspendidos en sus cargos hasta que el Congreso complete se llame a sesión, y mientras tanto sus sueldos cesarán.

Santo Domingo City, D. R.
26 Jamuary,1917.

-9-

GOBIERNO MILITAR DE SANTO DOMINGO
ÓRDEN EJECUTIVA NÚMERO 44
(Gaceta Oficial número 2788, del 20
de marzo de 1917, pp. 51-52)

Por la presente se ordena que los Ayuntamientos de las Comunes de la República continúen su vida de corporación, y que se considere a éstas como tales aún después de haberse vencido el término legal de los miembros que las componen.

140

2. Si por otros motivos legales, ningún acto de los Ayuntamientos durante el período por el cual su vida de corporación haya sido o pueda ser continuada por virtud de esta orden, deberá considerarse ilegal por el hecho de haber expirado los términos por los cuales fueron nombrados sus miembros.

3. Que el personal actual de los Ayuntamientos continúe en su puesto, queda al criterio del Gobierno Militar. A menos y hasta que se orden otra cosa, dicho personal queda en su puesto.

Marzo 20 de 1917.

-10-

GOBIERNO MILITAR DE SANTO DOMINGO
ORDEN EJECUTIVA NÚMERO 34
(Gaceta Oficial número 2782 de 3 de marzo de 1917. Pp.40-41)

El poseer un nombramiento de ninguna manera implica un derecho al cobro del sueldo correspondiente, a menos que el designado haya desempeñado dicho cargo y cumplido con las obligaciones del caso. Los sueldos se ganan y quedan sujetos al pago, únicamente cuando en realidad se hayan prestado los servicios, o por períodos de ausencia cubiertos por una licencia debidamente autorizada. Los comprobantes por períodos pasados o presentes, pueden ser legalmente y en buena fé certificados para el pago de sueldos, únicamente de acuerdo con lo aquí especificado.

Las sumas apropiadas para la compra de utensilios, o para sufragar gastos relaciones con el cumplimiento de deberes oficiales, no son de modo alguno gajes de una oficina ni parte de los sueldos de los Oficiales a cuyas oficinas pertenezcan los señalamientos. Los comprobantes por períodos pasados o presente (s)pueden ser legalmente y en buena fé certificados de los Oficiales a cuyas oficinas pertenezcan los señalamientos. Los comprobantes por períodos pasados o presente [s] pueden ser legalmente y en buena forma certificados para el pago de sueldos, únicamente de acuerdo con lo aquí especificado.

Por la presente se declara ser una infracción a la ley, el firmar cualquier recibo falso, certificado, lista de pago o cualquier otro documento, o el intentar en forma alguna cobrar o gestionar el cobreo de una cuenta indebida o fraudulenta al Gobierno Dominicano, bien sea por servicios que se alegan haber sido prestados o por materiales o sumas que se aleguen haber sido suministradas o prestadas.

La persona que cometa cualquiera de los delitos descritos en esta orden, o que instigue o se haga cómplice de los mismos, será castigada al hallársele culpable, con una multa no menos de CIEN DOLLARS ($ 100), Y NOMÁS DE mil dollares ($ 1000.00) o con encarcelamiento por no menos de un mes (1) y no más de un (1) año, o con ambas penas, según la opinión de la corte que las juzgue y de acuerdo con el grado de la ofensa.

Santo Domingo. R.D, 23 de febrero de 1917.

-11-
GOBIERNO MILITAR DE SANTO DOMINGO
ÓRDEN EJECUTIVA NÚMERO 25
(Gaceta Oficial número 2772
del 19 de enero de 1917, pp. 33-34)

El Jefe del Gobierno Militar tiene especial placer de anunciar, que ha sido formada una Comisión sobre Educación, de la cual ha consentido ser su Presidente, el Illmo. Arzobispo de Santo Domingo, Monseñor Nouel, y de la cual también forman parte los prominentes Dominicanos más adelante mencionados, quienes gustosamente se han ofrecido sus servicios para tan altruista propósito.

Los fines en general de la Comisión tenderán a estudiar y suministrar un informe con respecto a las condiciones en que actualmente se encuentra la Instrucción Pública, y a su vez a formular y aconsejar medidas provechosas para el establecimiento de un sistema de educación que mejor sirva a los intereses de la República.

La forma en que ha quedado constituida la Comisión que se ha prestado a llevar a efecto este servicio patriótico, es como sigue:

Illmo Dr. Adolfo A. Nouel, Arzobispo de Santo Domingo, Presidente;

Sr. Licdo. Pelegrín Castillo,
    Jacinto R. de Castro,
    Ubaldo Gómez,
    M. de J. Troncoso de la Concha,
    Don Federico Velázquez H., miembros, y
    Julio Ortega Frier, Secretario.

Las reuniones de la Comisión se llevarán a efecto a la conveniencia de los miembros y a petición del Presidente de la misma.

El privilegio de franqueo libre dentro de los límites de Santo Domingo, será concedido a la Comisión para sus asuntos oficiales.

Santo Domingo City, D. R.

1º January, 1917.

-12-

GOBIERNO MILITAR DE SANTO DOMINGO
ÓRDEN EJECUTIVA NÚMERO 13
(Gaceta Oficial número 2765
del 26 de diciembre de 1916, p. 20)

Fidel Ferrer, que fue nombrado Gobernador de la Provincia de Samaná el día 5 de abril de 1916, habiendo poco tiempo después abandonado su puesto, y habiendo dejado de cumplir desde entonces los deberes de su despacho, se declara cesante.

Volney Thomas Boisrond, se* nombra por esta Gobernador Civil de la Provincia de Samaná, el nombramiento efectivo desde el día 26 de Diciembre de 1916, fecha de su aceptación telegráfica de este cargo.

Santo Domingo City, D. R.

26 December, 1916.

-13-

GOBIERNO MILITAR DE SANTO DOMINGO
PROCLAMA
(Sin número de la Gaceta Oficial)

Habiéndose declarado que existe un estado de guerra entre los Estados Unidos y Alemania, y habiéndose roto las relaciones diplomáticas entre los Estados Unidos y Alemania-Hungría, todos los ciudadanos y súbditos de los Aliados y Teutones y sus simpatizadores en la República Dominicana, son por la presente amonestados para que no mezclen en asunto alguno en contra de los Estados Unidos. Inclusive el Gobierno Militar. El nó cumplimiento de esta orden será á riesgo del delincuente.

Santo Domingo.
Abril 12 de 1917.

-14-
GOBIERNO MILITAR DE SANTO DOMINGO
ORDEN EJECUTIVA NÚMERO 21
(Gaceta Oficial número 2770 del 16 de enero de 191, pp. 29-30)

Como aparece que el señor Manuel M. Morillo, Encargado de Negocios de la República Dominicana en La Habana, Cuba, convocó a una reunión en la Legación de la República Dominicana, el 17 de Diciembre de 1916, con el propósito de protestar contra la ocupación Militar de Santo Domingo, por las fuerzas de los Estados Unidos, y como en dicha reunión fue adoptada una protesta contra la ocupación la cual contiene declaraciones falsas e incendiarias. En esta resolución el Sr. Morillo es el primer firmante, y a esta resolución se le dio gran publicidad en la prensa y en hojas sueltas especialmente impresas, una de las cuales portando el sello de la Legación Dominicana ha sido dirigida al Jede del Gobierno Militar.

Esta acción de parte del Sr. Morillo demuestra claramente que sus sentimientos son tales que lo inhabilitan para cooperar con el Gobierno Militar y que en consecuencia su utilidad en el presente cargo ha terminado. Él es por esto destituido de su puesto en y desde esta fecha, y el Departamento de Relaciones Exteriores iniciará la acción apropiada en el caso.

Los archivos de la Legación quedarán a cargo del Vicecónsul de la República Dominicana en La Habana.

Santo Domingo City, D. R.,
16 January, 1917.

GOBIERNO MILITAR DE SANTO DOMINGO
ORDEN EJECUTIVA NÚMERO 20
(Gaceta Oficial número 2768 del 8 de enero de 1917, p. 29)

1. Como la existencia del Gobierno Militar en Santo Domingo hace innecesaria en Washington la presencia de un Enviado Extraordinario y Ministro Plenipotenciario para los Estados Unidos, aquel cargo se declara suspendida hasta segunda orden y quien al presente ocupa el puesto106 queda por la presente suspendido en su cargo y su sueldo cesará después de Enero 31 de 1917.

2. El Secretario de la Legación Dominicana en Washington quedará a cargo de los archivos de la legación; pero su sueldo mientras dure la suspensión del cargo de Enviado Extraordinario y Ministro Plenipotenciario se reduce a la suma de $ 1.000 anuales; la suma dispuesta para gasto de representación queda suspendida y la de gastos de material se reduce a $ 5.00 mensuales.

8 January, 1917.

BUFETES DE ABOGADOS E INDIVIDUOS QUE COLABORARON CON LAS INTERVENCIONES MILITARES AMERICANAS DE 1916 Y 1965*

1916-1924	1965
BUFETES	
Troncoso	Troncoso, y algunos de sus descendientes

---

106   El licenciado Armando Pérez Perdomo era el Enviado Extraordinario y Ministro Plenipotenciario. Por orden del Secretario de Estado de Relaciones Exteriores, J. M. Cabral Bermúdez, Pérez Perdomo elevó una nota de protesta del gobierno del presidente Francisco Henríquez y Carvajal al Departamento de Estado en contra de la intervención militar norteamericana unilateral en la República Dominicana en 1916 y, como el Gobernador Knapp había suprimido los cargos de Secretarios de Estado, nombrando a militares yanquis para desempeñarlos, esa Orden Ejecutiva fue la respuesta a la acción del licenciado Pérez Perdomo.

Peynado	Peynado, y algunos de sus descendientes
Ortega Frier	Ortega, y algunos de sus descendientes
Pelegrín Castillo	Castillo, y algunos de sus descendientes

INDIVIDUOS

Desiderio Arias, pactó con los americanos y Pendleton le permitió dedicarse a la manufactura de cigarros. (Fuente: Pendleton, p. 75 y 66, 77, 80, 86, 90, 126, 148; José C. Novas, 55-56).	------
J. B. Vicini Burgos, presidente del Ayuntamiento	Vicini, y algunos de sus descendientes
Horacio Vásquez	Vásquez, y algunos de sus descendientes
Federico Velázquez	------
Elías Brache, hijo	Brache, y algunos de sus descendientes
Luis Felipe Vidal	Vidal, y algunos de sus descendientes
Mario Fermín Cabral	Cabral, y algunos de sus descendientes
Arzobispo Alejandro Adolfo Nouel, Ó. Ej.	Nouel, y algunos de sus descendientes
Licdo. Emilio Joubert, O.E.	------
Licdo. Martín Travieso, hijo, Ó. Ej.	------
Pedro A. Ricart, vicepresidente de la Cámara de Comercio de Santo Domingo, Ó. E.	Ricart, y algunos de sus descendientes

Santiago Michelena, banquero. (Fuente: Pendleton, p. 84 y Ó. Ej.).	------
M. de J. Camarena Perdomo (Fuente: Ó. Ej.).	------
Porfirio Henríquez (Fuente: ÓEj.).	------
Enrique Marchena (Fuente: Ó. Ej.).	------
J. Ramírez Bona (Fuente: Ó. Ej.).	------
Jacinto T. Pérez (Fuente: Ó. Ej.).	------
M. de J. Lovelace (Fuente: Ó. Ej.).	------
Federico Llaverías, Ó. Ej.	------
Jacinto R. de Castro (Fuente: ÓE j.).	De Castro, y algunos de sus descendientes
M[anuel[Ubaldo Gómez [y Moya], (Fuente: Ó. Ej.).	Gómez, Moya, algunos de sus descen-dientes
Juan Francisco Sánchez de Peña, gobernador de la provincia de Santo Domingo durante el Gobierno Militar. (Fuente: Blanco Fombona, pp. 15-18).	Sánchez de Peña, y algunos de sus descendientes.
General José Ramón de Lara (Fuente: Pendleton, pp. 103, 115).	De Lara, algunos de sus descendientes
Louis Bogaert (Fuente: Pendleton, p. 116 y Edwin Espinal Hernández, p. 310).	Bogaert, algunos de sus descendientes
José María Benedicto (Fuente: Edwin Espinal Hernández, p. 310).	Benedicto, y algunos de sus descendientes
Mario Fermín Cabral (Fuente: Edwin Espinal Hernández, p. 310).	Cabral, y algunos de sus descendientes
Agustín –Tino– Malagón, hijo (Fuente: Edwin Espinal Hernández, p. 310).	------
Carlos Sully Bonnelly (Fuente: Edwin Espinal Hernández, p. 310).	Bonnelly, y algunos de sus descendientes

El Libro Azul. 1920. Hasta prueba en contra, los individuos que figuran en esta publicación (burgueses, pequeños burgueses altos y medios, profesionales, comerciantes, terratenientes) son sospechosos de colaboración con el yanqui invasor, así como algunos de sus descendientes.	-------
Carlos V. de León, comerciante genuflexo de La Romana en la nómina del Gobierno militar. (Fuente: Pendleton, p. 145-46 y 148,	-------
Félix María Nolasco, Pendleton, p. 148, periodista despechado que deseaba ser Síndico de la Capital, pero no fue nombrado por el Gobierno militar y ahora escribe editoriales incendiarios en el Listín Diario, luego de que se nombrara a Armando Ortiz.	-------
J. M. de Castro, aspirante a una posición consular en Estados Unidos luego de la desocupación militar: Pendleton, p. 185).	-------
Antonio Draiby, espía en Hato Mayor ayudó al Coronel Mckelvy a ubicar a Vicentico Evangelista. (Fuente: Pendleton, p. 75; y J. C. Novas, pp. 80-81).	Draiby, algunos de sus descendientes
Agapito José, sirio (Habit Kidhaki), doble agente en Hato Mayor. (Fuente: José C. Novas, pp. 80-81).	------

Ramón Ulises Escoboza, torturador de Cayo Báez al servicio del invasor yanqui. (Fuente: Horacio Blanco Fombona, p. 117-119 y J. C. Novas, 81).	------
Rafael Nolasco, espía y torturador de Cayo Báez. (Fuente: José C. Novas, p. 81).	------
Telesforo Cabral, espía y bandido, torturador de Cayo Báez al servicio del invasor yanqui: (Fuente: Horacio Blanco Fombona, p. 118).	------
Ramón Antonio Modesto, espía y torturador de Cayo Báez al servicio del invasor yanqui: (Fuente: Horacio Blanco Fombona, p. 118).	------
Coronel Buenaventura Cabral, uno de los perseguidores que asesinaron a Olivorio Mateo en Arroyo del Infierno, San Juan de la Maguana, el 27 de junio de 1922, junto al Mayor George H. Morse, comandante de la patrulla, y el sargento Gregory A. Williams. (Fuente: José C. Novas, p. 104).	Cabral, y algunos de los descendientes de este apellido
------	General Antonio Imbert Barreras preside el 1 de julio de 1965 el Gobierno de Reconstrucción Nacional fabricado por el gobierno norteamericano y algunos de sus descendientes. (Fuente: Danilo Brugal Alfau, p. 124-129).

Joaquín Balaguer, combatió junto a Rafael Estrella Ureña y los hermanos Rafael, César y Vicente Tolentino Rojas la intervención militar yanqui.	Joaquín Balaguer excusa la intervención militar yanqui ante la amenaza de que el comunismo se apodere del país. Será instalado por Lyndon Johnson, presidente del gobierno interventor, como presidente del país, luego de la dictadura comisaria de Héctor García Godoy, y algunos de sus descendientes.
-------	Horacio Vicioso Soto, Secretario de Relaciones Exteriores del gobierno de Imbert Barrera y algunos de sus descendientes. (Fuente: Danilo Brugal Alfau, pp. 136-37).
-------	Manuel de Js. Viñas Cáceres, Director General del Instituto Agrario Dominicano y algunos de sus descendientes. (Fuente: Danilo Brugal Alfau, p.139-40).
-------	Tomás A. Pastoriza y el Grupo de Hombres de Trajo, de Santiago, piden a Lyndon Johnson, en carta firmada en el Consulado Americano de aquella ciudad, poner fin al conflicto y apoyar la designación de Héctor García Godoy como presidente provisional. (Fuente: Danilo Brugal Alfau, pp. 141-43).

------	Industriales, banqueros, terratenientes y profesionales encabezados por José Antonio Jimenes Álvarez, Marino Auffant Pimentel, Alejandro E. Grullón Espaillat, Miguel Guerra Sánchez, Antonio Najri, Alejandro Martínez y Martínez, Hernán Espínola E., Samuel S. Conde S., Pario Penzo Fondeur, Fidel Méndez Núñez, Diógenes Fernández y Juan O. Velázquez dirigen una carta al presidente del Gobierno de Reconstrucción Nacional «para que cese la cruenta tragedia, se normalice el fluir de su vida y, entre otros objetivos, pueda salvarse la deteriorada economía nacional» y «se llegue a la reconciliación necesaria para poner fin a la presente crisis, y algunos de sus descendientes. (Fuente: Danilo Brugal Alfau, pp. 143-45).
------	Julio D. Postigo, librero y guía de la Iglesia Evangélica Dominicana y de quien no se tenía noticias de sus inclinaciones políticas, renuncia el 10 de agosto de 1965 como miembro del Gobierno de Reconstrucción Nacional impuesto por los Estados Unidos y algunos de sus descendientes. (Fuente: Danilo Brugal Alfau, p. 151).
------	El auto titulado General Miguel Ángel Ramírez Alcántara, presidente del Partido Nacionalista Revolucionario Democrática y algunos de sus descendientes. (Fuente: Danilo Brugal Alfau, pp. 156-61).

------	Horacio Julio Ornes Coiscou, presidente del partido Vanguardia Revolucionaria Dominicana, y algunos de sus descendientes. (Fuente: Danilo Brugal Alfau, pp. 161-65).
Viriato A. Fiallo, combatió la primera intervención militar norteamericana.	Excusó la segunda intervención militar porque «la presencia de las tropas extranjeras contribuyó a evitar que Santo Domingo hubiese sido cubierta por una extensa mancha de sangre.» (Fuente: Danilo Brugal Alfau, p. 122-24).
------	Dr. Ángel Severo Cabral Ortiz, presidente del Partido Acción Democrática y algunos de sus descendientes. (Fuente: Danilo Brugal Alfau, pp. 165-68).
------	Dr. Víctor Gómez Bergés, Secretario de Estado de Interior y Policía del Gobierno de Reconstrucci86n Nacional y algunos descendientes. Danilo Brugal Alfau, pp. 177-79.
------	Coronel Pedro Bartolomé Benoit, FAD, miembro de la Junta Militar de Gobierno, le pusieron a firmar la petición de intervención militar de los Estados Unidos en nuestro país y algunos de sus descendientes. (Fuente: Danilo Brugal Alfau, p. 23).
------	Coronel Enrique A. Casado Saladín, E. N., miembro de la Junta Militar de Gobierno y descendientes. (Fuente: Danilo Brugal Alfau, p. 23).

------	Capitán de Navío, Olgo N. Santana Carrasco, M. de G., miembro de la Junta Militar de Gobierno y algunos de sus descendientes. (Fuente: Danilo Brugal Alfau, p. 23).
------	Alejandro Zeller Cocco, miembro del Gobierno de Reconstrucción Nacional y algunos de sus descendientes.
------	Lic. Carlos Grisolía Poloney, miembro del Gobierno de Reconstrucción Nacional y algunos de sus descendientes. (Fuente: Danilo Brugal Alfau, pp. 33).
------	General FAD Elías Wessin y Wessin, líder de los 24 generales, coroneles, mayores y civiles que firmaron el Comunicado donde anunciaron el derrocamiento del gobierno constitucional de Juan Bosch el 25 de septiembre de 1965 y que apoyaron la intervención militar norteamericana, y algunos de sus descendientes. (Fuente: Danilo Brugal Alfau, p. 14).
------	General Piloto FAD Juan de los Santos Céspedes, uno de los responsables de los ametrallamientos a los defensores de la vuelta a la constitucionalidad de 1963 durante la guerra patria de 1965, y algunos de sus descendientes.
------	José Antonio Bonilla Atiles, embajador del Triunvirato ante la Organización de Estados Americanos (OEA), con cuyo voto favorable fue aprobada la intervención militar norteamericana en nuestro país en mayo de 1965, y algunos de sus descendientes.

------	Ing. Leonte Bernard Vásquez, miembro que sustituyó al renunciante Julio D. Postigo Arias en el Gobierno de Reconstrucción Nacional, y algunos de sus descendientes. (Fuente: Danilo Brugal Alfau, p. 151).
------	Dr. Mario Read Vittini, presidente del Partido Demócrata Cristiano, enemigo acérrimo del gobierno constitucional de Juan Bosch (declaraciones del 4 de agosto de 1965, tipografía Condesca) y algunos de sus descendientes. (Fuente: Danilo Brugal Alfau, p. 168).
------	Germán Ornes Coiscou, director-«propietario» de El Caribe, periódico que llevó la voz cantante en el derrocamiento del orden constitución en 1963, y algunos de sus descendientes.
------	Rafael Bonilla Aybar, director de Prensa Libre y de un programa radial por la Voz del Trópico, uno de los agitadores profesionales que contribuyó al derrocamiento del orden constitución en 1963. Salió en un portaviones hacia Puerto Rico luego del estallido de la revolución de abril de 1965, y algunos de sus descendientes.
------	Tomás Reyes Cerda, agitador radial y luego director del periódico El Tiempo, contribuyó con el derrocamiento del orden constitución en 1963, y algunos de sus descendientes.

------	Enrique Alfau y José Andrés Aybar Castellanos, dirigentes de la Asociación Dominicana Independiente (ADI). A través de esta organización, contribuyeron a la agitación causada por las manifestaciones de reafirmación cristiana que culminó con el derrocamiento del orden constitucional en 1963.
------	Máximo Fiallo, agitador, contribuyó al derrocamiento del orden constitucional en 1963 y luego de la intervención militar norteamericana y desde la emisora Radio San Isidro, contralada por Elías Wessin y Wessin, dirigió la campaña anticomunista en contra de los constitucionalistas que enfrentaron la invasión norteamericana., y algunos de sus descendientes.
------	Antonio Fernández Spencer, poeta y filósofo, desde el periódico Prensa Libre contribuyó al derrocamiento del orden constitucional en 1963 y luego de la guerra patria se refugió en San Isidro, desde cuya emisora mantuvo una campaña contra los constitucionalistas que enfrentaron la invasión yanqui.
------	Robinson Ruiz López y Fernando Muñiz, sindicalistas controlados por el Agregado Laboral de la Embajada Americana. Contribuyeron al derrocamiento del orden constitucional en 1963, y algunos de sus descendientes.

-------	Pedro Gil Iturbides, director del periódico La Hoja, de tinte anticomunista y crítico del gobierno constitucional de Juan Bosch. (Fuente: Danilo Brugal Alfau, pp. 203-04
-------	Joaquín Custals, propietario de la emisora La Voz del Trópico, contribuyó al derrocamiento del orden constitucional en 1963, cuyo medio fue la resonancia de la campaña anticomunista en contra del gobierno de Juan Bosch.
-------	Renuncia de los miembros del Gobierno de Reconstrucción Nacional de Antonio Imbert Barrera y su Gabinete, impuesto por los Estados Unidos ante el fracaso de la Junta Militar de San Isidro para dar paso a la dictadura comisaria de Héctor García Godoy: Mariano López Báez, Presidencia; Víctor Gómez Bergés, Interior y Policía; Horacio Vicioso Soto, Relaciones Exteriores; Rafael Feria, Obras Públicas; Fernando Chalas Valdez, Procurador General; Bienvenido Delgado Billini, Salud y Previsión Social; Edmundo Félix Cuevas; Trabajo; Guillermo Piantini, Recursos Hidráulicos; Luis Rafael Ortega Oller, Abogado Asesor del Gobierno; Marcos González, Agricultura; Generoso Núñez, Finanzas; Luis A. Duvergé, Educación y Bellas Artes; Marino Ariza, Consultor Jurídico; Amaury Matos, Síndico; Danilo Brugal [Alfau], Encargado de Relaciones Públicas; y, Poncio Pou Saleta, Ayudante del Presidente, y algunos de sus descendientes. (Fuente: Danilo Brugal Alfau, pp. 209-215).

Adolfo Alejandro Nouel, Arzobispo de Santo Domingo, censura con cierta ironía la primera ocupación militar, pero colabora, aunque tibiamente con su amigo el Ministro William Russell y con el Gobierno Militar, en Comisiones que buscan el mantenimiento del orden: Danilo Brugal Alfau, Nota confidencial de Monseñor Nouel al Ministro Russell, 29 de enero de 1920, pp.	Los mismos obispos que firmaron la Pastoral de enero de 1960, apoyaron, a través de la agitación en la prensa y en las manifestaciones de reafirmación cristiana, el derrocamiento del orden constitucional en 1963 y se hicieron de la vista gorda ante la segunda intervención militar norteamericana so pretexto de evitar que el país cayera en las garras del comunismo, y algunos de sus descendientes. (Fuente: Danilo Brugal Alfau, pp. 252-263).
------	Comité de Damas Anticomunistas responde a los Obispos Católicos, y algunos de sus descendientes: Danilo Brugal Alfau, pp. 259-261.
------	El jurista Froilán J. R. Tavares en «Un epílogo independiente» al libro de Julio C. Estrella La revolución dominicana. El gobierno de Caamaño Deñó es un juicio salomónico muy importante: reparte las responsabilidades de cada uno de los actores de los dos bandos en pugna y critica la intervención militar norteamericana como un hecho de fuerza unilateral y a la OEA por aceptarlo. (Fuente: Danilo Brugal Alfau, pp. 240-247).

(*) Las fuentes documentales de donde he tomado las informaciones sobre los bufetes de abogados e individuos que colaboraron con la primera intervención militar norteamericana de 1916-25 y cuyos apellidos, en algunos casos, se encuentran también en la segunda intervención militar a nuestro país en 1965, fueron tomados de:

1. Joseph Henry Pendleton. 1860-1942. *Register of his Personal Papers*. Washington: History and Museums Division Headquarters, U. S. Marine Corps,1975.

2. Danilo Brugal Alfau. *Tragedia en Santo Domingo (Documentos para la historia)*. Santo Domingo: Del Caribe, 1966.

3. Órdenes Ejecutivas del Gobierno Militar en Santo Domingo. 4 tomos. Ciudad Trujillo: J. G. García Sucesores, 1951.

4. José C. Novas. *Los gavilleros. La lucha nacionalista contra la ocupación 1916-1924*. Santo Domingo: Argos, 2016.

5. Max Henríquez Ureña. *Los yanquis en Santo Domingo. La verdad de los hechos comprobada por datos y documentos oficiales*. Santo Domingo: Editora de Santo Domingo, 1977.

6. Horacio Blanco Fombona. *Crímenes del imperialismo norteamericano*. México: Churubusco, 1927.

7. José Luis Sáez Ramo, S. J. «La Iglesia Católica Dominicana ante la Ocupación Militar Norteamericana, 1916-1924». Clío 191 (2016: 135-160).

8. Edwin Espinal Hernández. *Historia social de Santiago de los Caballeros*. 1863-1900. Santo Domingo: Fundación Manuel de Jesús Tavares Portes, Inc., 2005.

9. Las palabras o expresiones que estén marcadas con un asterisco representan faltas a la ortografía, la sintaxis o la semántica del español y aunque en la mayoría de los casos no hemos propuesto el uso semántico-rítmico de tales vocablos y giros, el lector inteligente sabrá por cuáles sustituirlos.

BIBLIOGRAFÍA

Alfau Durán, Vetilio (2016). *Artículos recopilados sobre la ocupación norteamericana de 1916*. Prólogo de Alejandro Paulino ramos. Santo Domingo: Academia Dominicana de la Historia.

Alfonseca Giner de los Ríos, Juan B. (2013). «Catálogo de fuentes para el estudio del exilio republicano español en la sociedad dominicana, 1939-1947». Santo Domingo: *Boletín del Archivo General de la Nación* núm. 1º35 enero- abril.

Anónimo (1925/1929). *Órdenes Ejecutivas del Gobierno Militar en Santo Domingo. 4 tomos*. Ciudad Trujillo: Imp. del Listín Diario y de J. r. García Sucesores.

Anónimo (1976 [1920]). *Libro azul*. Santo Domingo: Editora de la universidad Autónoma de Santo Domingo.

Arendt, Hannah (1999 [1986]). *Eichmann en Jerusalén. Un informe sobre la banalización del mal*. (1ª ed. alemana, Barcelona: Lumen.

Balaguer, Joaquín (1975, [1948]). «El principio de la alternabilidad en la historia dominicana», en *La palabra encadenada*. México: Fuentes.

Balaguer, Joaquín (2016 [2006]). «Mr. Hughes y el plan de esclavización». En Fernando Pérez Memén (ed.). *El joven Balaguer. Literatura, periodismo y política (1922-1930)*. Santo Domingo: De Colores.

Benveniste, Émile (1966). *Problèmes de linguistique générale, T. I*. París: Gallimard.

Benveniste, Émile (1971). *Problemas de lingüística general, T. I.* México: Siglo XXI.

Benveniste, Émile (1974) *Problèmes de linguistique générale, T. II.* París: Gallimard.

Benveniste, Émile (1979). *Problemas de lingüística general, T. II.* México: Siglo XXI.

Blanco Fombona, Horacio (1927). *Crímenes del imperialismo.* México: Churubusco.

Brea, Ramonina (1983). *Ensayo sobre la formación del Estado capitalista en la República Dominicana y Haití.* Santo Domingo: Taller.

Brugal Alfau, Danilo (1966). *Tragedia en Santo Domingo (Documentos para la historia).* Santo Domingo: Del Caribe.

Butler, Smeadly Darlington (2013). *War is a Racket.* Introduction by Jesse Ventura. New York: Skyhouse.

Calder, Bruce (1989). *El impacto de la intervención. La República Dominicana durante la ocupación norteamericana de 1916-1924.* Santo Domingo: Fundación Cultural Dominicana.

Cassá, Roberto (1980). «Movimientos sociales durante la intervención militar norteamericana en [la] República Dominicana». revista *Ecos* (: 211-242).

Cassá, Roberto (1980). *Historia económica de la República Dominicana, T 2.* Santo Domingo: Alfa y Omega.

Castillo Agramonte, Pelegrín (1916). *La intervención americana.* Santo Domingo: Imp. Listín Diario.

Céspedes, Diógenes (1985). *Lenguaje y poesía en Santo Domingo en el siglo XX.* Santo Domingo: Editora de la Universidad Autónoma de Santo Domingo.

Contín Aybar, Néstor (1984). *Historia de la literatura dominicana, T. III.* San Pedro de Macorís: Universidad Central del Este.

Cordero Michel, Emilio (2016). «Presentación». *Clío* núm. 85 enero-junio de 2016. Academia Dominicana de la Historia.

Cruzado, Américo (1952). *Teatro en Santo Domingo (1905-1929.* Ciudad Trujillo: Montalvo.

Damirón, Rafael (1983 [1925]). ¡Ay de los vencidos! Santo Domingo: Montalvo.

Deive, Carlos Esteban (1988). *Vodú y magia en Santo Domingo*. Santo Domingo: Fundación Cultural Dominicana.

Diamond, Jared (2006). *Armas, gérmenes y acero*. Barcelona: De Bolsillo.

Domínguez, Jaime (2001). *Historia dominicana*. Santo Domingo: ABC.

Ducoudray, Félix Servio (1974). «Entrevista a Emilio Cordero Michel. revista *Ahora* núm. 557, 15 de marzo.

Espinal Hernández, Edwin (2005). *Historia social de Santiago de los Caballeros*. Santo Domingo: Fundación Manuel de Jesús Tavares Portes.

Espínola, ramón Emilio (2016). *Remembranzas. Crónicas de la ocupación 1916-1924. La era de los Estados Unidos*. Santo Domingo: Argos.

Fiallo, Fabio (1980 [1922]. *Nacionalismo auténtico. Obras completas, T. III. 1916-1921)*. Santo Domingo: Sociedad Dominicana de Bibliófilos.

Foucault, Michel (1975). *Surveiller et punir*. París: Gallimard.

García Godoy, Federico (1975, [1924]). *El derrumbe*. Santo Domingo: Editora universitaria de la UASD.

Gautreau, Julio (1986). *Vicentico. Héroe y mártir dos veces*. Santo Domingo: Colección Orfeo, Biblioteca Nacional.

Gómez, Manuel Ubaldo (1983 [1937]). *Resumen de la historia de Santo Domingo*. Santo Domingo: Sociedad Dominicana de Bibliófilos.

González Canalda, María Filomena (2008). *Los gavilleros. 1904-1916*. Santo Domingo: Archivo General de la Nación.

Gordon, Martin K. (1975). (Ed.). *Joseph Henry Pendleton 1860-1942. Register of his personal papers*. (Diario de campaña). History and Museums Divison Headquartes, U. S. Marine Corps, Washington, D. C.

Guerra, François-Xavier (1992). *Modernidad e independencia. Ensayos sobre las revoluciones hispánicas*. Madrid: MAPFRE.

Henríquez Ureña, Max (1977 [1929]). *Los yanquis en Santo Domingo. La verdad de los hechos comprobada por datos y documentos oficiales*. Santo Domingo: Sociedad Dominicana de Bibliófilos.

Incháustegui, Arístides (1995). *Por amor al arte. Notas sobre música, compositores e intérpretes dominicanos*. Santo Domingo: Secretaría de Estado de Educación y Bellas Artes.

Inoa, Orlando (2013). *Historia dominicana*. Santo Domingo: Letra Gráfica.

Jorge, Bernarda (1982 [2011]). *La música dominicana de los siglos XIX-XX*. Santo Domingo: Editora del ministerio de Cultura, 2011.

Jorge, Bernarda (2010). *Caracterización del modernismo en la música dominicana: 1940-1945. Santo Domingo: Ministerio de Cultura*.

Julia, Julio Jaime (1977). *Obras completas de Américo Lugo, T. I*. Santo Domingo: Editora taller.

Knight, Melvin (1939). *Los americanos en Santo Domingo. Estudios de imperialismo americano*. Santo Domingo: Publicaciones de la universidad de Santo Domingo.

León Olivares, Isabel Dolores de (2015). «Resistencias discursivas de intelectuales de República Dominicana durante la ocupación estadounidense de 1916-1924: nacionalismo, antiimperialismo e hispanismo». *Tzintzun*. revista de estudios históricos n.º 62 (julio-diciembre). ISSN: 1870-719X. ISSN-e: 2007-963X

Logroño, Arturo (1916 [2016]). «Vox Patrie». En *Artículos recopilados sobre la ocupación norteamericana de 1916*. Prólogo de Alejandro Paulino ramos. Santo Domingo: Academia Dominicana de la Historia.

Lozano, Wilfredo (1976). *La dominación imperialista en la República Dominicana (1900-1930)*. Santo Domingo: Editora de la Universidad Autónoma de Santo Domingo.

Maríñez, Pablo (1984). *Resistencia campesina, imperialismo y reforma agraria (1899-1978)*. Santo Domingo: CEPAE.

Marrero Aristy, ramón (1957). *La República Dominicana. Origen y destino del pueblo cristiano más antiguo de América, T. I.* Ciudad Trujillo: Del Caribe.

Marrero Aristy, ramón (1958). *La República Dominicana. Origen y destino del pueblo cristiano más antiguo de América, T. II.* Ciudad Trujillo: Del Caribe.

Martínez, Lusitania (1991). *Palma Sola (su geografía mítica y social)*. Santo Domingo: CEDEE.

Marx, Carlos (1972) *El Capital, t. I.* trad. Wenceslao Roces. México: Fondo de Cultura Económica.

Medina Benet, Víctor (1974). *Los responsables. El fracaso de la 3ª República. 1940-1945*. Santo Domingo: Arte y Cine.

Mejía Ricart, Gustavo Adolfo (1981). *Sobre imperialismo y democracia*. Santo Domingo: Fundación Mejía Ricart-Guzmán Boom.

Mella Chavier, Herman (2011). *El camino de los hombres*. Santo Domingo: Casa de Teatro.

Mercader, José (2012). *Historia de la caricatura dominicana, T. I.* Santo Domingo: Archivo General de la Nación.

Meschonnic, Henri (2000). *Crisis del signo. Política del ritmo y teoría del lenguaje*. Santo Domingo: Ferilibro,

Miller, Jeannette (2006). *Importancia del contexto histórico en el desarrollo del arte dominicano*. Santo Domingo: Secretaría de Estado de Educación Superior, Ciencia y Tecnología.

Miller, Jeannette (2010). *Historia de la fotografía dominicana., T. I. 1851-1961*. Santo Domingo: Grupo León Jimenes, Colección. Centenario.

Miniño, Manuel María (1985). ¿Es el Vudú religión? El vudú dominicano. Santo Domingo: Libros y textos, Colección Antología de Nuestra Voz núm. 20.

Molinaza, José (1984). *Historia crítica del teatro dominicano, T. I (1492-1844)*. Santo Domingo: Editora universitaria de la UASD.

Molinaza, José (1994). *Historia del teatro dominicano. Santo Domingo, T. II (1844-1930)*. Editora universitaria de la UASD.

Molinaza, José (1997). *Breve historia del teatro*. Santo Domingo: Alfa y Omega.

Molinaza, José (1998). *Historia del teatro dominicano, T. III*. Santo Domingo: Editora universitaria de la UASD.

Moya Pons, Frank (1997). *Bibliografía de la literatura dominicana, T. I y II. 1820-1990*. Santo Domingo: Comisión Permanente de la Feria del Libro.

Moya Pons, Frank (1997). *Manual de historia dominicana*. Santo Domingo: Centenario.

Novas, José C. (2016). *Los gavilleros. La lucha nacionalista contra la ocupación 1916-1924*. Santo Domingo: Argos.

Paz, Octavio (1979). *El ogro filantrópico*. México: Barcelona: Seix Barral.

Paz, Octavio (1985). *Pasión crítica*. Barcelona: Seix Barral.

Pichardo, Bernardo (1974 [1921]. *Resumen de historia patria*. Santo Domingo: Colección Pensamiento Dominicano.

Read, Horacio (2010 [1962, 1924]) *El Paladión: de la Ocupación Militar Norteamericana a la dictadura de Trujillo, T. II.* (Santo Domingo: Imprenta Altagracia, 1924. (Comp. Alejandro Paulino ramos. Santo Domingo: Archivo General de la Nación.

Rodríguez Bonilla, Manuel (2016 [1983]). *Juan de Jesús Reyes, cantor de La Barranquita*. Santo Domingo: Soto Castillo.

Rodríguez Demorizi, Emilio (1971). *Música y baile en Santo Domingo*. Santo Domingo: Librería Hispaniola, Colección Pensamiento Dominicano.

Rodríguez Demorizi, Emilio (1977). *Caricatura y dibujo en Santo Domingo*. Santo Domingo: Taller.

Rosario, Esteban (1997). *La oligarquía de Santiago*. Santiago de los Caballeros: Central.

Rosario, Esteban (2006). *Las quiebras bancarias en Santiago y Santo Domingo*. SD: Amigo del Hogar, 2006.

Rosario, Esteban (2012). *El grupo Vicini, el verdadero poder*. Santo Domingo: Búho.

Rosario, Esteban (2013). *Corrupción y privilegios empresariales (1961-2012)*. Santo Domingo: Soto Castillo.

Rosario, Esteban (s/d) *La familia Bermúdez (fortuna y crisis)*. Santiago de los Caballeros: Editora Mariel, S/F.

Rosario, Esteban (1992). *Los dueños de la República Dominicana*. Santo Domingo: M&M Editores.

Sáez, S. J., José Luis (1983). *Historia de un sueño importado. Ensayos sobre el cine en Santo Domingo*. Santo Domingo: Siboney/Taller.

Santos, Danilo de los (2003). *Memoria de la pintura dominicana. Impulso y desarrollo moderno, T. 2*. Santiago: Grupo León Jimenes.

Saussure, Ferdinand de (1945). *Curso de lingüística general*. Buenos Aires: Losada.

Saussure, Ferdinand de (1968). *Cours de linguistique générale, T. I*. Edición crítica de Rudolf Engler. Wiesbaden: Otto Harrassovitz.

Schmitt, Carl (2009). *Teología política*. Madrid: Trotta.

Sosa Jiménez, Manuel Antonio (1993). *Hato Mayor del Rey, su sitial en la historia dominicana*. Santo Domingo: Taller.

Tejeda Ortiz, Dagoberto (2008). *El carnaval dominicano: antecedentes, tendencias y perspectivas*. Santo Domingo: Sección nacional, Instituto Panamericano de Geografía e Historia.

Vásquez de Freites, Antonia (s/d ¿2010?). *Memorias de una curiosa*. Santo Domingo: Amigo del Hogar.

Vega de Boyrie, Bernardo (2016). *Intimidades en la era global. Memorias de Bernardo Vega de Boyrie, T. I*. Los años formativos. Santo Domingo: Fundación Cultural Dominicana.

Vega, Bernardo (1990). *Más imágenes del ayer*. Santo Domingo: Centenario de Brugal y Co.

Vega, Bernardo (1990). *Trujillo y el control financiero norteamericano*. Santo Domingo: Fundación Cultural Dominicana.

Villaespesa, Francisco (1922). *La isla cruxificada* (Santo Domingo). La Habana: Hermes.
Welles, Sumner (1939). *La viña de Nabot*. La República Dominicana. 1844-1924. Santiago: El Diario.